Rainer Wendt

DEUTSCHLAND IN GEFAHR

Rainer Wendt

DEUTSCHLAND IN GEFAHR

Wie ein schwacher Staat unsere Sicherheit aufs Spiel setzt

riva

Bibliografische Information der Deutschen Nationalbibliothek
Die Deutsche Nationalbibliothek verzeichnet diese Publikation in der Deutschen Nationalbibliografie. Detaillierte bibliografische Daten sind im Internet über http://dnb.d-nb.de abrufbar.

Für Fragen und Anregungen:
info@rivaverlag.de

1. Auflage 2016

Nymphenburger Straße 86
D-80636 München
Tel.: 089 651285-0
Fax: 089 652096

Redaktion: Antje Steinhäuser, München
Umschlaggestaltung: Marc-Torben Fischer, München
Umschlagabbildung: © Harry Schnitger, Berlin
Satz: inpunkt[w]o, Haiger
Druck: GGP Media GmbH, Pößneck
Printed in Germany

ISBN Print 978-3-86883-576-5
ISBN E-Book (PDF) 978-3-86413-633-7
ISBN E-Book (EPUB, Mobi) 978-3-86413-634-4

Inhalt

Kapitel 4

Kapitel 5

Kapitel 6

Kapitel 7

Epilog

Vorwort

Sie wollen einen starken Staat? Einen Staat, der unser Zusammenleben regelt? Einen Staat, der Regeln nicht nur aufstellt, sondern auch ihre Beachtung überwacht? Einen Staat, der Regelverstöße auch konsequent ahndet?

Dann sollten Sie falsch parken.

Haben Sie einen Einbruch, eine Körperverletzung oder einen Betrug begangen, einen Menschen als Raser im Straßenverkehr getötet oder sind Sie Profi im Taschendiebstahl – bleiben Sie gelassen. Erst mal müssen Sie erwischt werden, das Risiko ist gering. Und selbst wenn Sie das Pech haben sollten, machen Sie sich keine Sorgen.

Sie finden jemanden, der Ihnen bescheinigt, dass Sie eigentlich ein feiner Mensch sind. Oder dass Sie irgendwie traumatisiert sind, vernachlässigt, zu wenig geliebt oder zu viel verstanden wurden. Oder umgekehrt. Vielleicht haben die Eltern sich getrennt oder zu früh geheiratet, irgendwas. Und dann passiert, was hunderttausendfach passiert. Nämlich nichts.

Der Rechtsstaat fühlt mit Ihnen und gibt Ihnen Ratschläge, Ermahnungen oder Trainingseinheiten mit auf den Weg. Im Namen des Volkes. Und auf seine Kosten natürlich.

Wenn Sie falsch parken, kommen Sie damit nicht durch. Da gibt's kein Pardon. Da setzt sich der Rechtsstaat durch. Klar, auch da können Sie sich rausreden und behaupten, Sie hätten das Auto da nicht hingestellt. Aber die Verwaltungskosten knöpft Ihnen der Staat ab, rigoros. Wäre ja noch schöner.

Neuer Versuch. Sie wollen zu einer richtigen Strafe verdonnert werden? Das ist zu schwierig; denn sie müssen fleißig sein. Rund vierzig Straftaten in Berlin beispielsweise reichen dazu nicht. Da gibt's eine Geldstrafe unter 2 000 Euro. Ratenzahlung natürlich.

Bei kleinen Dingen kommen wir ganz groß raus. Hundesteuern, Bauvorschriften, Flaschenpfand, GEZ-Gebühren oder Mülltrennung, da sind wir fit in Deutschland, kleine Sachen gehen immer – große weniger bis gar nicht. Die letzte richtig große Sache, die wir geschultert haben, war die Wiedervereinigung. Eingeleitet und verwirklicht durch die Menschen, die auf die Straßen gingen und die friedliche Revolution erkämpft haben. Gestaltet und umgesetzt durch clevere Politik und einen starken öffentlichen Dienst, der mit seinen Beschäftigten eine rechtsstaatliche und funktionierende öffentliche Verwaltung quasi über Nacht ans Laufen brachte. Danach kam kaum noch was, Deutschland erlahmt. Große Bauvorhaben sind nicht mehr zu realisieren, richtige Reformen nicht durchsetzbar, große Zukunftsmodelle nicht vorhanden. Die Republik ist zugepflastert von Bauruinen und Denkmälern des Versagens politischer Baumeister.

Damit mich niemand missversteht: Natürlich ist es richtig, falsches Parken zu ahnden. Geht man mit aufmerksamen Augen durch unsere Städte, sieht man Rücksichtnahme und gegenseitigen Respekt im Straßenverkehr im »freien Fall«, das fängt beim Parken an. Deshalb ist es richtig, dort einzuschreiten, und die kommunalen Bediensteten sowie meine Kolleginnen und Kollegen machen einen guten Job (und müssen sich anschließend nicht selten beschimpfen, bespucken und tätlich angreifen lassen, aber dazu später).

Jetzt haben wir wieder eine neue große Aufgabe bekommen, eine Jahrhundertaufgabe, sagt die Regierung. Mindestens eine Million Menschen sollen in unsere Gesellschaft integriert werden. Und dazu müssen wir unsere Willkommenskultur pflegen, tolerant, weltoffen und geduldig sein – sagt unsere Regierung.

Sie macht dabei einige gefährliche Denkfehler. Der erste ist die angebliche Willkommenskultur in Deutschland. Das ist nichts anderes als ein künstlicher Begriff aus der Wunschkiste von Menschen mit edler Gesinnung, die ihr Gefühl zum Maßstab allen politischen Handelns machen. Und alle sollen mitmachen. Wer nicht will, wird ausgegrenzt, da ist dann Schluss mit Toleranz. In Wahrheit gibt es keine Willkommenskultur in Deutschland. Wenn ich jemanden willkommen heißen will, ist das eine persönliche, eine individuelle Entscheidung, nicht Ausdruck irgendeiner kulturellen Identität. Ich suche mir selbst aus, wen ich willkommen heiße und wen nicht, das geht nicht im Kollektiv. Wer das will, übersieht große Teile des Volkes und das geht dann schief. Und darüber freuen sich die Falschen, etwa die Extremen, die Rechten.

Die Formulierung einer Aufgabe für das Volk ist der zweite Fehler. Denn nicht die Regierung vergibt die Aufgaben, sondern das Volk selbst. Diese Aufgaben stehen dann im Gesetz und das bindet die Regierung. Das nennt man Mandat, genauer gesagt, politisches Mandat. In unseren Gesetzen stehen viele kluge Sachen. Zum Beispiel, dass die nationalen Grenzen zu sichern und zu schützen sind und dass dabei illegale Migration nach Deutschland zu verhindern und dafür die notwendigen Voraussetzungen zu schaffen sind. Das ist Aufgabe der Regierung, aber genau das Gegenteil hat sie gemacht. Das lehnen viele Menschen ab und sie dürfen das. Deshalb brodelt es in Deutschland, was gefährlich für unseren Frieden ist.

Und jetzt gibt uns die Regierung eine Jahrhundertaufgabe, um die wir sie nicht gebeten haben. Und sagt uns, dass wir tolerant sein müssen und weltoffen. Das müssen wir nicht. Und schon gar nicht muss ich das wollen, was die Regierung will. Ich bin gerne tolerant und weltoffen, aber nicht, weil die Regierung das will, sondern weil ich das will. Ich mag viele Menschen und viele auch nicht. Bei denen, die ich mag, sind vielleicht Christen dabei, Muslime, Juden, was weiß ich, ich frage nicht danach. Ich mag nämlich keine Religionen, sondern Menschen, und es ist mir egal, ob und an welchen Gott sie glauben. Natürlich mag ich Menschen aus anderen Nationen, viele sogar. Aber ich will sie nicht mögen müssen.

Das Missverständnis der Regierung hat fatale Folgen. Denn die Menschen haben sich an Demokratie und Rechtsstaat gewöhnt. Sie wollen weiterhin, dass das Mandat auch Auftrag bedeutet und dieser Auftrag steht im Gesetz, zum Beispiel im Grundgesetz.

Wenn Sie nicht über die Absurditäten, Ungerechtigkeiten und die vielen Schieflagen in unserem Land nachdenken oder diskutieren wollen, nennen Sie ihren Gesprächspartner einfach einen Populisten. Das ist für ihn ganz schlecht. Weil: Populismus ist schlecht. Wo kämen wir hin, wenn die *Vox populi*, die Stimme des Volkes, Gehör fände. Meistens stört das Volk sowieso.

An den Absurditäten ändert das freilich nichts. Und daran, dass viele Menschen sich zunehmend verunsichert, ja regelrecht unsicher und konkret bedroht fühlen, auch nicht. Viele haben Angst – und werden auch dafür noch beschimpft, belächelt, veralbert und gern auch in die rechte Ecke gestellt. Damit sicher ist, dass sie den Mund halten.

Objektive Daten, um Deutschland zum Paradies zu erklären, gibt es schließlich mehr als genug. Wir leben im beliebtesten Land der Welt. Deutschland ist wirtschaftlich erfolgreich wie nie, es herrscht quasi Vollbeschäftigung, wir unterstützen Schwache und Arme, leisten Hilfe für Verfolgte und dürfen uns zu Recht täglich an unserer edlen Gesinnung berauschen. Wir sind ein Land mit reichhaltiger Kultur, tollen jungen Menschen, die mit Engagement und Empathie an ihrer Zukunft arbeiten und fleißig lernen – und wir haben einen Rechtsstaat, mit unabhängigen Richterinnen und Richtern, hoch gebildeten Staatsanwältinnen und Staatanwälten, die energisch Straftaten verfolgen und eine Polizei, die erfolgreich das Verbrechen bekämpft und Deutschland zu einem der sichersten Länder der Erde macht.

Wir haben engagierte Lehrerinnen und Lehrer, Erzieherinnen und Erzieher, die sich um unsere Kleinsten kümmern und eine Zivilgesellschaft, die aus sich heraus Hilfe für Menschen organisiert, die hunderttausendfach aus Krieg und Verfolgung zu uns kommen.

Darf man trotzdem Angst haben und sich Sorgen um die Zukunft machen? Man darf. Und man muss sich auch nicht vorschreiben lassen, ob man das darf.

Denn auch das ist Deutschland: Millionen Menschen, die komplett und seit Generationen auf staatliche Transferleistungen angewiesen sind, alte Menschen, die nach lebenslanger Arbeit Angst davor haben, vor der Armut zu stehen, eine teilweise kaputtgesparte öffentliche Infrastruktur, geschlossene Behörden, zu wenige und alleingelassene

Lehrerinnen und Lehrer, Richterinnen und Richter und daneben manche Volksvertreter, denen das Volk nicht geheuer ist, die mitunter gern ohne Volk auskommen würden.

Auch das ist Deutschland: Kriminelle Banden, die sich seit Jahrzehnten etabliert haben, mit ihren kriminellen Aktivitäten weit ins bürgerliche Leben vorgedrungen sind und in ihren Stadtteilen Angst und Schrecken verbreiten, Links- und Rechtsradikale, die sich in einer abenteuerlichen Geschwindigkeit gegenseitig hochschaukeln und ihre jeweilige Gewaltbereitschaft ständig durch die »andere Seite« legitimieren, ausrastende Fußballrowdys, die in Suff und chaotischer Randale versinken, »Krieg führende« Rockerbanden, die sich schneller gründen, als sie verboten werden können, Tausende brandgefährliche Salafisten und andere religiöse Eiferer, die wir nicht im Griff haben, nicht sehen und beobachten, nicht abhören oder überwachen können, und von denen wir vor allem nicht wissen, wann und wo sie mit fürchterlichen Terroranschlägen in Erscheinung treten werden.

Und jetzt noch das: Hunderttausende Menschen sind ins Land gekommen, von denen wir nicht wissen, wer sie sind. Woher sie kommen. Mit welcher Absicht sie hier sind. Ob sie hierbleiben oder weiterziehen wollen. Bei etlichen ist nicht einmal klar, wo sie sich aufhalten. Vielleicht sind es eine Million, vielleicht anderthalb. Wer will das wissen? Kontrolle bei der Einreise? Tut uns leid, das ging jetzt gerade nicht. Unbegleitete minderjährige Flüchtlinge? Vielleicht Hunderte, vielleicht Tausende, wir wissen es nicht. Wo sie geblieben sind? Keine Ahnung. Sind sie registriert? Ja, bald, irgendwie. Wie werden sie integriert? Schauen wir mal. Wer soll das machen? Tja.

Gab es das nicht schon immer, dass wir nicht alles unter Kontrolle hatten? Dass wir vor Fremden Furcht oder doch zumindest Vorbehalte hatten? Dass es randalierende Rechte oder Linke, kaputte Familien oder kriminelle Banden gab? Oder Terroristen, die den Staat bedrohten?

Stimmt, das gab es früher alles auch. Und Gewalt gegen die Polizei gab es früher ebenfalls.

Aber der Staat hat sich immer gewehrt. Mit Volksvertretern, die die Bedrohung als ihre Herausforderung verstanden und angenommen haben, die die Sicherheitsbehörden nicht als Feind, sondern als Instrument des Rechtsstaates angesehen haben, mit starken Strukturen, Menschen im Staatsdienst, die den Willen der demokratisch gewählten Politik konsequent umgesetzt haben, mit Gesetzen, die nicht nur auf dem Papier standen, und Gerichtsurteilen, die ihre Wirkung nicht verfehlten.

Genau das vermissen viele Menschen heute. Deshalb haben sie Angst und Sorge. Weil sie einen Staat sehen, der schwach ist, harmlos und hilflos, der seinen Schutzauftrag nicht ausreichend erfüllt. Einen Staat, der sich zurückzieht und zusieht, der eben alles andere als ein starker Staat ist.

Dabei sagt unsere Verfassung genau das Gegenteil: »Die Würde des Menschen ist unantastbar. Sie zu achten und zu schützen ist Verpflichtung aller staatlichen Gewalt.« Das ist die Botschaft des Artikel 1 unseres Grundgesetzes.

Deutschland hat gar kein Recht auf Schwäche, sondern die Pflicht zur Stärke. Aber dieser Pflicht kommt unser Land eben nicht nach. Schon lange nicht mehr. Deshalb haben die Menschen Angst. Denn unsere Sicherheit ist bedroht. Deshalb ist Deutschland in Gefahr.

Es wird höchste Zeit, die Dinge zu ändern. Deshalb müssen wir dort hinsehen, wo unser Land schwach und unsicher ist. Offen und ehrlich ansprechen, wo es falsch läuft. Und aufzeigen, wie es besser geht. Genau das will »Deutschland in Gefahr« tun. Damit wir endlich wieder stark und wehrhaft werden.

Damit sich die Menschen wieder auf ihren Staat verlassen und ihm vertrauen können. Damit unsere Sicherheit nicht länger auf dem Spiel steht. Es gibt viele Baustellen und große Schwachpunkte. Schauen wir also gemeinsam hin.

Kapitel 1

Die lieben Kleinen – Was Hänschen nicht lernt …

Deutschland versagt schon ganz am Anfang. Alleingelassene Familien, marode Schulen und unterfinanzierte Kitas, Schulpolitik wie auf der Achterbahn, frustrierte Lehrerinnen und Lehrer, mies bezahlte Erzieherinnen und Erzieher und über allem eine Finanzpolitik, die ohne Sinn und Verstand ausgerechnet da spart, wo Investitionen wichtig wären. Kleinteilig und bürokratisch, kaputt und verwirrt, so wird unser Land wahrgenommen, wo eigentlich Zukunft für Kinder gestaltet werden soll.

Wo Erziehung und Wertevermittlung falsch laufen, gerät unsere Gesellschaft in Gefahr. Und zwar von Anfang an. Später sollen Polizei und Justiz alles heilen, was vorher falsch gelaufen ist. Sicherheitsbehörden als Oberlehrer der Republik, das kann nicht klappen, das geht schief. Und ganz nebenbei soll dieser Staat jetzt noch Integration leisten? Das kann niemand ernsthaft glauben, dass das geht. Die ersten Ergebnisse sieht man. Wenn man hinsieht. Aber man muss auch hinsehen wollen.

Eine Gruppe Kindergartenkinder, jeweils zwei Kinder halten sich an den Händen, mitten in der Hauptstadt Berlin. Vorn und hinten Erzieherin und Erzieher, ruhig, konzentriert und mit professioneller Gelassenheit. Sie wissen, was sie tun, und die Kinder spüren es. Sie können ihren Erziehern vertrauen.

Sie sind gut vorbereitet auf ihren Gang durch die Menschenmassen und verlieren die Erzieherin an der Spitze nie aus den Augen. Niemand schert aus, keiner läuft alleine, sie fühlen sich offensichtlich sicher und auch geborgen. Ich bewundere diese Erzieherinnen und Erzieher. Und ich weiß gar nicht, ob ich den Mut hätte, mit einer Gruppe Kinder quer durch die Berliner Innenstadt zu gehen, mit öffentlichen Verkehrsmitteln zu fahren, gefährliche Straßen zu überqueren (in Berlin sind übrigens auch die Fußgängerwege gefährlich, denn rasende Radfahrer schießen urplötzlich auch durch dichte Menschenmassen) und sie all den vielen Verlockungen auszusetzen, die doch schon uns Erwachsene ablenken, gelegentlich unvorsichtig und sogar leichtsinnig werden lassen. Da muss man doch Nerven wie Drahtseile haben.

Oder eben sein Handwerk verstehen, wie mir eine erfahrene Erzieherin in einem ausführlichen Gespräch verriet. Mit klaren Ansagen an die Kinder, verbindlichen Regeln für den Gang durch die Stadt, mit Orientierung und Vorbild, eben mit Erziehung. Es ist richtig und notwendig, in einer komplizierter werdenden Umwelt professionelle Erziehung zu gewährleisten, um jungen Menschen den Start in die Schul- und Lebenswelt zu erleichtern.

Natürlich kann dies auch ein gutes und liebevolles Elternhaus. Aber es gehört zu den vielen Absurditäten unserer Gesellschaft, dass wir diejenigen, die ihren Kindern diese wichtigen und prägenden Erfahrungen in ihrer wichtigsten Prägungsphase verweigern, dafür mit Geldprämien belohnen.

Geht unser Staat respektvoll und anerkennend mit Erzieherinnen und Erziehern um? Das glauben viele. Aber es stimmt nicht. Die Wahrheit ist eher traurig. Denn was ist das für ein Land, das Paketzusteller besser bezahlt, als diejenigen, die seine Kinder auf dem Weg in das selbstbestimmte Leben begleiten? Welches Land treibt die Beschäftigten immer wieder in Arbeitskämpfe und sogar gelegentliche Streiks, bei denen sie auch noch mit schlechtem Gewissen um magere Gehaltszuwächse streiten? Stimmt. Unser Land ist das.

Wenn wir eine starke Jugend haben wollen, müssen wir diejenigen hervorragend ausbilden, gut bezahlen und wertschätzen, die die Grundlagen dafür legen. Wir dürfen ihnen nicht die gesellschaftliche Anerkennung, nicht das notwendige Studium und eben auch nicht die erforderlichen Arbeitsbedingungen verweigern. Aber genau das tut unser Land seit Jahrzehnten.

Freizeit und Spaß – Benehmen ist out

Es geht leider auch anders. Halbwüchsige auf dem Weg zum Schulausflug im ICE, tobend, lärmend, unangenehm, chaotisch und eine Belästigung für alle anderen Fahrgäste. Und pädagogisches Personal, das längst resigniert hat und völlig abwesend unter Kopfhörern im eigenen Musikgenuss versunken oder ins Bordrestaurant geflüchtet ist.

Fahrgäste müssen sich selbst wehren, den lautstarken Dialog mit rotzfrechen, aggressiven und anmaßenden Teenagern aufnehmen, wenn sie um Ruhe bitten, um einigermaßen ungestört die eigene Reise fortsetzen zu können. Das Zugbegleitpersonal versucht ebenfalls verzweifelt, etwas Ordnung und Ruhe herzustellen und muss sich herablassende Pöbeleien anhören, wird verbal übel attackiert und beschimpft und gibt irgendwann entnervt auf. Feuer frei für ohrenbetäubende Musik, Geschrei und ausgelassene Stimmung. Rücksicht auf andere Fahrgäste – Fehlanzeige. Diese flüchten in andere Abteile, gestresst, fassungslos und ohne Hoffnung darauf, dass irgendjemand eingreifen könnte.

Die Gruppen sind austauschbar, Ost-West, Nord-Süd, alt oder jung, ein einheitliches Bild gibt es nicht. Aber es gibt eben zu viele schlechte Beispiele.

Niemand macht den Lehrerinnen und Lehrern einen Vorwurf, die häufig vor einer Bildungspolitik kapituliert haben, die die »Jeder-macht-was-er-will-auch-dazu-ist-er-nicht-verpflichtet-Konzepte« zur Leitlinie des politischen Handelns gemacht haben. Die meisten von ihnen gehen jahrzehntelang immer wieder mit großem Eifer und hehren Grundsätzen an ihre Arbeit, hoch engagiert und immer von dem Willen geprägt, jungen Menschen auf dem Weg zum Erwachsenwerden die erforderlichen Inhalte mitzugeben.

Aber viele sind eben auch rasch desillusioniert, erstickt von Bürokratie und Vorschriften, Berichtspflichten und Sparvorgaben. Und häufig berichten Lehrerinnen und Lehrer nicht nur von den widrigen politischen Bedingungen, die sich in immer rasanteren Intervallen ändern. Richtigerweise beklagen sie mangelnden Respekt, ein Minimum an Anerkennung für ihre Arbeit und zwar von allen Seiten.

Ungestraft durfte sie ein Provinzpolitiker, der es später sogar bis ins Kanzleramt schaffte, öffentlich als »Faule Säcke« beschimpfen. Bei solchen Vorbildern muss man auf Nachahmer nicht lange warten. Und viele unserer superklugen Muttis und Vatis wissen natürlich auch, was für ihre lieben Kleinen das Beste ist und dass die Schule im Zweifel nichts zu melden hat – außer der Vollendung des Abiturs für ihr Wunderkind selbstverständlich.

Erziehung ohne Autorität funktioniert nicht, da muss man kein Pädagoge sein. Wer auch immer das probiert hat, ist gescheitert. Und spätestens jetzt jaulen unsere »Wir-machen-Arbeitsgruppen-und-Workshops-bis-alle-Abitur-haben-Bildungsstrategen« auf, weil es eben auch Verantwortung bedeutet, Autorität auszuüben. Und Kompetenz. Und Geduld. Denn niemand will das autoritäre Gehabe der Nachkriegsjahrzehnte an deutschen Schulen zurückhaben, mit Prügeln, Schreien und Demütigungen. Aber ganz ohne Rückhalt für die Lehrerinnen und Lehrer geht es eben auch nicht. Es ist einigermaßen unerträglich, dass elfjährige Rotzlöffel mit der »Mein-Papa-ist-Anwalt-Masche« immer wieder auftrumpfen und damit auch noch durchkommen können. Wenn eine Lehrerin nicht einmal den Schulranzen einer Dreizehnjährigen nach Waffen durchsuchen darf, ohne sich vorher einen richterlichen Beschluss zu holen, ist das nicht Rechtsstaat, sondern einfach nur bescheuert.

Es ist falsch, wenn der Staat es zulässt, dass die Schulen sämtlicher Autorität beraubt werden. Jede Schulnote, Versetzungs- oder Schulwechselentscheidung, der Speiseplan in der Mensa, die Regeln des Schwimmunterrichts oder das Ziel des Schulausfluges – am Ende müssen sich diejenigen, denen wir die Erziehung unserer Kinder anvertrauen, vor den Gerichten rechtfertigen.

Wenn das so bleibt, darf man sich nicht darüber wundern, dass Lehrerinnen und Lehrer zum Spielball von Arroganz, Aggressivität und völlig falsch verstandener Fürsorge für den Nachwuchs gemacht werden und schnell resignieren.

Reife am Ende

Wir schreiben das Jahr 2016, die Abiturarbeiten sind gefertigt und die Last der Konzentration und des jahrelangen Lernens fallen von unseren Schützlingen ab. Kurz durchatmen, dann geht's weiter in die Phase des Studiums, der Berufsausbildung und der nächsten Schritte in die Zukunft.

Doch Halt! Kleine Feiern müssen erlaubt sein. Aber die produzieren dann schnell mal Schlagzeilen. Etwa über eine Straßenschlacht nach einer Abi-Party. Siebzig Polizeibeamte seien nötig gewesen, um die Feier aufzulösen. Mehrmals hätten die Abiturienten versucht, die festgenommenen Mitschüler zu befreien. Die Polizei habe schließlich zehn Personen im Alter von sechzehn bis zwanzig Jahren festgenommen. Gegen die werde nun wegen Landfriedensbruch, Widerstand gegen Vollstreckungsbeamte und versuchter Gefangenenbefreiung ermittelt.

Oder über Ausschreitungen in Köln berichtete eine Zeitung. Es sei zu schweren Abi-Krawallen gekommen, bei denen 200 Schüler mit Raketen und Stichwaffen aufeinander losgegangen seien. Auch Alkohol und Drogen seien im Spiel gewesen. Das kenne man schon seit Jahren, habe ein Sprecher der Polizei erklärt. Zwei 18-jährige Schülerinnen hätten schwere Kopfverletzungen erlitten.

Einzelfälle? Mitnichten. Solche Schlagzeilen werden immer wieder in ganz Deutschland produziert. Da geht es mal um Abi-Randale in Überruhr, mal heißt es, dass in Velbert eine Abifeier aus dem Ruder gelaufen sei, inklusive Raub, Reizgas, Schlägerei. Auch in Halle und Magdeburg gab es vergleichbare Vorfälle. Allein die Aufräumarbeiten kosteten die Stadt zwischen 2500 und 3000 Euro.

Nein, nicht alle Abiturienten sind so. Aber es gibt sie eben auch, die künftigen Ärzte, Architekten, Politiker, Rechtsanwälte, die schon in jungen Jahren ein Maß an sozialer Verwahrlosung zeigen, das einen schaudern lässt.

In Magdeburg treffen sich nach einem Bericht der Mitteldeutschen Zeitung in jedem Jahr zwischen 500 und 800 Schülerinnen und Schüler in der Stadt, um gemeinsam zum Stadtpark zu ziehen. Im Laufe des Tages komme es dann wie auch in Halle zu einzelnen Körperverletzungen und Sachbeschädigungen. Das scheint mittlerweile normal zu werden.

Ebenso normal wie der Umstand, dass die lieben Kleinen selbstverständlich nichts mit den Müllbergen zu tun haben, die anschließend in den Parks und auf den Straßen liegen. Der Polizeisprecher der Landeshauptstadt zeigt denn auch Verständnis für die Abiturienten. Sie würden nur etwa ein Drittel der gesamten Feierwütigen ausmachen und so auch nur ein Drittel des Mülls produzieren. Dass die Abiturienten nicht den Müll für mehrere Hundert weitere Menschen wegräumen wollen, sei verständlich.

Na, dann geht's ja. Hunderte feierwütige künftige Eliten ziehen durch die Stadt, setzen den Anlass für eine gewaltige Straßenparty, saufen, prügeln, randalieren – den Müll räumen andere weg.

Und dort, wo es noch gewalttätiger zur Sache ging, soll es dann doch zu härteren Konsequenzen kommen. Da droht dann tatsächlich ein Vermerk im Abiturzeugnis. Na, wenn das nichts ist. Und die Kölner Oberbürgermeisterin Henriette Reker bemerkte in ihrer Analyse zunächst richtig, dass das Verhalten der Abiturienten offenkundige Unreife und Wohlstandsverwahrlosung zeigt, hat dann aber die eher schlichte Erklärung für das Ausrasten ihrer Stadtkinder parat: Sie könne sich die Randale nur damit erklären, dass die betreffenden Schüler zu Hause nicht oder nicht immer die nötige Zuwendung erführen. Zuwendung, so Frau Reker weiter, sei auch das Aufstellen von Regeln. Was bei diesen verwöhnten, unreifen Randalierern zu Hause läuft, kann man sich unschwer vorstellen, wenn man die Reaktionen der Eltern hört: Vorwürfe gegen die Polizei!

In einer E-Mail an die Beamten, so berichtete die Welt, wirft eine Frau der Polizei vor, nicht früh genug eingeschritten zu sein. Ähnliche Vorwürfe hätten auch andere Eltern geäußert. Die Polizei, sofort im Rechtfertigungsmodus, hatte mit ihren Kräften ausreichend damit zu tun, die rivalisierenden Gruppen voneinander zu trennen.

Ausgesprochen spannend und vielsagend in diesem Zusammenhang ist die Forderung des Fraktionsvorsitzenden der CDU/CSU-Bundestagsfraktion, die Schulen mögen doch bitte dafür sorgen, dass bei jungen Flüchtlingen Disziplin und die Einhaltung von Regeln durchgesetzt werden. Möglicherweise, so Kauder weiter, seien sie in der Vergangenheit zu nachlässig gewesen. Disziplin für Flüchtlingskinder? Und was machen die anderen?

Zu verzeichnen sind unzählige Experimente von Schulpolitikern, die je nach Koalition und Zeitgeist neue Regeln aufstellen und wieder verwerfen, jahrzehntelang gegen jegliche Autorität von Schule zu Felde ziehen, die Gebäude verkommen und verrotten lassen, Lehrerstellen abbauen und Lehrer demütigen, ihre Einkommen kürzen und das Personal ausbluten lassen. Und wenn erst einmal jeglicher Respekt verloren ist, wenn Autorität auf dem Nullpunkt angekommen ist, werden die Schulen dafür verantwortlich gemacht, dass die Dinge nicht funktionieren.

Was läuft da falsch in der Erziehung vieler junger Menschen, wo wir doch in Deutschland die besten aller Voraussetzungen haben, um für das Leben fit zu machen? Ein reiches Land, kluge Menschen, die in den Lehrerberuf gehen und sich engagiert ihren Aufgaben stellen, eine gute Infrastruktur und freie Meinungskultur. Zumindest theoretisch alles gut. Aber in der Praxis eben nicht.

Kathedralen der Bildung

Einigermaßen fassungslos nimmt die deutsche Öffentlichkeit zur Kenntnis, dass der Vorsitzende der SPD, Sigmar Gabriel, Milliardeninvestitionen für den Bau und die Sanierung von Schulgebäuden fordert: »Der bauliche Zustand vieler Schulen in Deutschland ist schlicht empörend. Nicht Bankentürme, sondern Schulen müssen Deutschlands Kathedralen werden.« Wie wahr. Und wie wenig realistisch.

Unter tausend Schulleitern in Nordrhein-Westfalen hat der Westdeutsche Rundfunk in einer Umfrage erschreckende Ergebnisse zutage gefördert. Milliarden Euro fehlen, die Schulen verrotten. 85 Prozent, so berichtet die Rheinische Post, sind sanierungsbedürftig. Undichte Fenster, Schimmel, defekte Toiletten und Heizungen sowie Putz, der von der Decke fällt. Betroffen sind alle Schulformen – der Staat geht miserabel mit seinen Schülerinnen und Schülern um, aber das macht er gleichmäßig für alle.

Verantwortlich ist niemand. Der Bund hält sich raus, die Schulen sind Ländersache, auch dann, wenn es um stinkende Toiletten geht. Ist dann die Landesregierung verantwortlich? Das wäre viel zu einfach. Eine ureigene Aufgabe der kommunalen Selbstverwaltung sei der Bau und Erhalt von Schulen – tja, Pech gehabt, wer in einer armen Gemeinde lebt, und davon gibt's in Nordrhein-Westfalen mehr als genug. Das bleibt also von Gabriels Forderung. Nix mit Milliarden, die Kathedralen bleiben in Frankfurt – die Schulen auf dem Niveau alter Vorstadtkirchen. Banken sind in Deutschland noch immer wichtiger als Schulen oder Kindertagesstätten.

Der Staat ist dann mal weg – Der Hausmeister auch

Wie man weitere Unordnung in den Schulalltag bringen kann, haben die Sparkommissare der Politik beim Programm »Wir-sparen-am-Personal-und-alles-wird-gut« bestens gezeigt. Es ist nur ein kleines Beispiel, aber es wirkt seit Jahren: Der alte Hausmeister ist weg. »Facility Management« ist das nicht mehr ganz neue Zauberwort. Einer der dümmsten politischen Leitsätze der Nachkriegszeit, »Privat vor Staat«, hat auch hier zugeschlagen.

Der jahrzehntelang bewährte Hausmeister in den Nachkriegsjahrzehnten war eine geachtete Persönlichkeit an seiner jeweiligen Schule. Es war »seine Schule«. Der Hausmeister reparierte Kleinigkeiten, ohne Rechnungen zu schreiben, er achtete auf den sorgfältigen Umgang mit Mobiliar und Ausstattung, Sauberkeit in den Waschräumen und als Respektsperson reichte häufig schon ein Stirnrunzeln, um allzu laute und aggressive oder gar gewalttätige Schüler auf dem Schulhof zur Räson zu bringen. Und natürlich wohnte er in der Schule oder doch zumindest in der Nähe. Und war nebenbei auch noch der beste Objektschutz für »seine Schule«.

Das geht doch billiger. Das haben wir jetzt. Gleich mehrere Schulen im Schnelldurchgang durch private Firmen, die streng darauf achten, ja keinen unbezahlten Handschlag zu machen. Für die die Schule ein

Objekt ist, mit dem sich Geld verdienen lässt. Und je schlechter man die Leute bezahlt, die die Jobs machen, umso mehr Geld bleibt für den Unternehmer.

Gewalt ist an unseren Schulen längst kein Fremdwort mehr. Das Strafgesetzbuch rauf und runter – Raub, Vergewaltigung, Diebstähle aller Art, alle Körperverletzungsdelikte, Sachbeschädigungen. Die Fälle nehmen zu, die Gewalt steigt. Hunderte Delikte schwerer körperlicher Gewalt nur an Berlins Schulen, Jahr für Jahr, das Schulpersonal und auch die Lehrerinnen und Lehrer bleiben als Opfer nicht verschont.

Dagegen muss man doch etwas machen. Richtig, die Reaktion der Regierungen blieb nicht aus. Die Schulen wurden aus der Verpflichtung befreit, derartige Vorfälle zu melden. Folge: Mehr als die Hälfte der Schulen meldeten nichts mehr. Eine ganz besondere Form der Verbrechensbekämpfung. Sonst müsste man sich tatsächlich noch kümmern. Möglicherweise Schulpsychologen einstellen, die mit Gewaltprävention der ausufernden Brutalität entgegentreten. Und die einen Betreuungsschlüssel haben, der eine angemessene Betreuung sicherstellt.

Oder wenigstens vorübergehend Wachdienste, die einigermaßen im Blick haben, wer sich an der Schule aufhält, durch die Flure streift und Schülerinnen belästigt, Handys raubt oder Lehrerinnen und Lehrer angreift.

Früher gab es einen Hausmeister, aber im modernen Deutschland gibt's dafür kleine und große Unternehmen, die vor allem eines gemeinsam haben: Sie wollen Geld verdienen, die Schulen sind ihnen wurscht.

Der Staat ist dann mal weg.

Wie dumm ist denn Knast für Kinder? – Kluge Konzepte gefragt

Kinder und Jugendliche machen Dinge falsch, sie wissen es oft nicht besser. Oder sie testen Grenzen aus und überschreiten sie versehentlich – oder vorsätzlich. Das ist recht normal. Selbst wenn sie die Grenzen der Strafbarkeit überschreiten, muss dies nicht der Beginn einer kriminellen Karriere bedeuten. Wenn kluges pädagogisches Handeln greift, Eltern, die Schule und alle anderen Beteiligten die Nerven behalten, bleiben diese Vorfälle unerfreuliche Einzelfälle im Kindes- oder Jugendalter.

Anders ist es bei sogenannten Intensivtätern oder Mehrfachtätern, die schon im Kindesalter, aber erst recht später als Jugendliche zigfach durch Straftaten auffallen. Eine überlastete, teilweise unwillige und in jeden Fall unzureichende Justiz lässt sie größtenteils gewähren, der Staat zeigt sich immer wieder gelähmt, handlungsunfähig. Im Berliner Stadtteil Neukölln kommen mehr als 80 Prozent dieser Intensivtäter aus arabisch- oder türkischstämmigen Familien. Was schon deshalb nicht verwundert, weil der Bevölkerungsanteil hier in etwa dieser Quote entspricht.

Dass dies einen Jugendstadtrat nicht ruhen lassen kann, liegt auf der Hand. Deshalb ist der Vorschlag des Bezirkspolitikers Falko Liecke aus Neukölln richtig: Polizei, Staatsanwaltschaft, Moscheeverein, Sportverein, Schule und Jugendclub an einen Tisch. Und dann sagen alle gemeinsam den Familien: So geht es nicht weiter!

Falko Liecke erklärte, die Idee dahinter sei einfach: Wenn alle zusammenarbeiten, könne man nicht mehr gegeneinander ausgespielt werden. Schon im vergangenen Jahr habe man dazu einen Staatsanwalt für Neukölln durchgesetzt. Und wenn die Familien nicht mitzögen, würde der gesamte staatliche Werkzeugkasten ausgeschüttet. Es gebe Durchsuchungen, Festnahmen, harte Strafen. Dabei könne auch das Jugendamt klare Kante zeigen und straffällige Kinder zum Schutz des Kindeswohls aus den Familien nehmen. Spätestens dann gingen auch bei arabischen Familienclans die Alarmsignale an, denn eine Inobhutnahme des Kindes ließe die ganze Familie schlecht aussehen.

Er hat recht. Die Idee ist auch nicht neu. Es hat in den Ländern immer wieder ähnliche Projekte gegeben und sie waren erfolgreich. Wenn die Institutionen zusammenarbeiten, wenn sie ihre Informationen austauschen und gemeinsam darüber beraten, was zu tun ist, können Gewalt und Kriminalität zurückgedrängt werden.

Das wäre viel zu einfach. Im modernen Deutschland aber ist der Datenschutz wichtiger. Deshalb müssen die Eltern betroffener Kinder und Jugendlicher vorher eine »Schweigepflichtentbindung« unterschreiben, die den betroffenen Institutionen den Austausch der Informationen auch gestattet. Da darf man gespannt sein, wie arabische Großclans mit deutschen Polizei- und Jugendbehörden zusammenarbeiten und ihnen gestatten, sich über ihre Kinder zu unterhalten und möglicherweise eine »Inobhutnahme« zu veranlassen.

So sehr dem Jugendstadtrat Erfolg zu wünschen ist: Exakt dort, wo er am wichtigsten wäre, wird er sich vermutlich nicht einstellen. Schon jetzt hat sich die Berliner Datenschutzbeauftragte gewappnet, um das sinnvolle Projekt zum Schutz von Kindern und Familien mit den typischen Bedenken zu Fall zu bringen.

Und bezweifelt werden darf auch, ob die jeweiligen Behörden das Personal dazu haben. Auf die spezifische Berliner Situation wird noch hingewiesen werden. Aber eines ist gewiss: In keinem Keller der Berliner Polizei sitzen Jugendsachbearbeiter, die bislang nichts zu tun hatten und auf solche Projekte nur gewartet haben. Die Hauptstadt geht personell auf dem Zahnfleisch und das wird in den nächsten Jahren und vermutlich Jahrzehnten so bleiben, dafür haben SPD-Politiker wie Wowereit und Sarrazin kraftvoll gesorgt.

Wie schlicht Politiker im Wahlkampfmodus auf solche sinnvollen Initiativen reagieren, zeigt fast reflexhaft auch der umtriebige Berliner SPD-Abgeordnete Tom Schreiber. Dessen heroischer Kampf gegen alle Formen von Kriminalität beschränkt sich regelmäßig darauf, die Polizei mit unzähligen Anfragen zu nerven, die Antworten medial zu verwerten und damit zu suggerieren, etwas für die Innere Sicherheit getan zu haben.

Er zweifelt natürlich die Ernsthaftigkeit des Projekts an und fordert mehr Personal. Und das, nachdem seine Parteigenossen Tausende Stellen gestrichen haben. Darauf muss man erst mal kommen.

Im Zusammenhang mit delinquentem Verhalten von Kindern und Jugendlichen wird immer wieder auch die Absenkung des Strafmündigkeitsalters diskutiert. Das ist die Stunde der Menschen mit edler Gesinnung. Keine Kinder in den Knast. Unerhört! Wir sind die Guten!

Das ist billige und plumpe Polemik, aber sie wirkt. Wer will schon Kinder in den Knast schicken. Aber es ist wie so oft in der politischen Diskussion, je schlichter die Botschaft, umso besser wirkt sie für die Agitation und Mobilisierung. Darin unterscheiden sich Linke kaum von Rechten.

Niemand will Zwölfjährige hinter Gitter bringen. 13- und 14-jährige Täter übrigens auch nicht und wenn möglich später ebenfalls nicht.

Wer sich nur ein wenig mit dem Thema Strafvollzug beschäftigt, wird schnell merken, dass dies nicht die Lösung sein kann.

Auch hier haben die Länder nämlich Sparen, Verschlanken und Personalabbau an die Stelle eines menschenwürdigen, erfolgreichen Konzepts zum Umgang mit Rechtsbrechern gesetzt. Ist ja auch viel schöner, irgendein blaues Band für irgendeine Brücke durchzuschneiden und sich anschließend dafür feiern zu lassen, Geld vom Bund in die Region geschaufelt zu haben. Jedenfalls vermeintlich besser, als beispielsweise Bedingungen für inhaftierte jugendliche Straftäter verbessert zu haben, etwa durch ausreichendes Personal im Justizvollzug, einschließlich kompetenter Therapeuten.

Aber die Wahrheit ist auch, dass vielfach eben gar nichts geschieht, mit unseren zwölfjährigen Tätern, die teilweise sehr bewusst und gezielt und in dem Bewusstsein eingesetzt werden, dass der Staat eher hilflos reagiert oder tatenlos zusieht, bis sie – endlich das Strafmündigkeitsalter erreicht haben.

Vorher treffen die Einbrecher, Schläger, Ladendiebe, Trickdiebe und Trickbetrüger im nicht strafmündigen Alter auf überforderte und gleichgültige Eltern, Jugendämter mit Mindestbesetzung und freie Träger mit Einnahmeerwartungen. Die oft heilende Wirkung eines Strafverfahrens, Begegnung mit dem Staatsanwalt und der Polizei, Vernehmung, Befragung und eindringlichen Hinweisen auf die Folgen strafbaren Handelns bleiben schlicht aus.

Natürlich gibt es gute Angebote für straffällig gewordene Kinder, kluge Betreuerinnen und Betreuer und engagierte Jugendbehörden. Wer gerade in einer solchen Kommune wohnt, hat eventuell Glück gehabt. Nach einem Ladendiebstahl, zum ersten Mal begangen, der Anzeige durch die Polizei, ein rasches und energisches Gespräch bei Jugendamt und Staatsanwaltschaft, vereinbarte Sozialstunden als Strafe und Kontrolle der Erledigung, und weitere Begleitung, gemeinsam mit verständnisvollen Eltern und dem Jugendamt. Das klappt dort, wo Familien, der Staat und seine Institutionen noch funktionieren. Und das ist immer seltener der Fall.

Und ja, die Jugendkriminalität sinkt. Rein statistisch. Neueste Befragungen zeigen, dass die meisten jungen Menschen eher konservativ, leistungsorientiert und angepasst daherkommen und Kriminalität eher die Ausnahme bleibt. Anlass zur Entwarnung ist das nicht, im Gegenteil. Dabei muss gar nicht darüber spekuliert werden, welchen Wert Statistiken haben, die Aussagen zur Kriminalität machen.

Probleme bringen Geld, warum soll man sie lösen?

Unzweifelhaft ist, dass viele Familien damit überfordert sind, ihre Kinder zu erziehen. Man kann das beklagen oder sich darüber empören, aber es wäre fatal, das zu ignorieren. Die Ursachen sind vielfältig, »Hartz IV-Karrieren« in mehreren Generationen, Bildungsferne und Desintegration – es gibt eine Vielzahl von Ursachen. Wie hilft der Staat den Familien? Mit Geld. Mit unfassbar viel Geld. Er kauft sich raus.

Diejenigen, die mit den Problemen der Menschen Geld verdienen wollen, lassen nicht lange auf sich warten. Eine umfassende Industrie verschlingt Milliardenbeträge für Familienhilfe, die in Wahrheit kaum eine ist. Nicht nur an dieser Stelle haben Politikerinnen und Politiker historische Fehlentscheidungen getroffen, die nicht nur gesellschaftlichen Schaden von grandioser Tragweite anrichten, sondern gefährliche Entwicklungen eher befördern als abmildern. Wie um alles in der Welt ist man auf den Gedanken gekommen, die Bewältigung gesellschaftlicher Probleme nahezu vollständig auf sogenannte freie Träger zu übertragen?

Man muss doch weder Ökonom noch Sozialwissenschaftler sein, um zu erkennen, dass ein Missstand, mit dem sich Geld verdienen lässt, niemals gelöst wird, wenn man ihn einem Unternehmen überträgt. Die Entstaatlichung der öffentlichen Verwaltung war gerade im Bereich der Familienhilfe eine Fehlentscheidung für Generationen junger Familien, die in Schwierigkeiten sind und die Hilfe des Staates brauchen.

Stattdessen kommen GmbHs. Gemeinnützige natürlich, also gGmbHs. Solche, die einen »Fall«, eine »Maßnahme« übertragen bekamen und dafür natürlich Geld sehen wollten. Dem einzelnen Mitarbeiter soll nichts Böses unterstellt werden, aber das Dilemma steckt in der Grundkonstellation: dass gelöste Probleme einen Kundenverlust für die beauftragten Unternehmen bedeuten.

Eine frustrierte Familienhelferin, von Beruf Sozialpädagogin, schilderte unter dem Titel »Hilflose Helfer« im »Tagesspiegel«, wie der Alltag aussieht: Es sei üblich, dass ein Jugendamtsmitarbeiter nach dem ersten Gespräch mit der Familie – ohne den Familienhelfer – den Hilfeplan erstelle, der bereits Teil eines Kostenantrages an den Bezirk sei. Der Familienhelfer beginne seine Arbeit in der Familie zunächst einmal ohne Plan. Weitere Gespräche mit dem Jugendamtsmitarbeiter würden aber nicht immer stattfinden. Vor Ablauf der sechsmonatigen Maßnahme müsse der Familienhelfer einen Bericht abgeben. In der Regel würde im Anschluss auf eineinhalb bis zwei Jahre verlängert, in schwierigen Fällen auch darüber hinaus.

Die Familienhelfer würden inzwischen ausschließlich von freien Trägern beschäftigt, diese wiederum seien Dienstleister für das Jugendamt. Die Familienhelfer hätten von den freien Trägern, ihren Arbeitgebern, die oft sogar ausgesprochene Anweisung, Maßnahmen »so lange wie möglich am Laufen zu halten«. Da der Familienhelfer ohne Plan und nicht im Austausch mit dem Jugendamt arbeite, sei die Problembearbeitung aufgeschoben oder werde erst gar nicht angegangen.

Die meisten der betroffenen Familien würden ihre Probleme nicht wirklich bearbeiten, sondern nähmen den Familienhelfer gern als eine Art kostenlosen Babysitter in Anspruch. Der verbringe die sechs veranschlagten Stunden etwa mit den Kindern auf Spielplätzen oder in Schwimmbädern und könne anschließend zu Recht behaupten, die Familie habe weiterhin die gleichen Probleme, die nur auf lange Sicht zu beheben seien.

Die Familie ist der Mittelpunkt unserer Gesellschaft. Dort findet Sozialisation, Erziehung, Wertevermittlung im besten Sinne statt. Sollte es zumindest. Es gibt leider etliche Beispiele dafür, dass das nicht immer klappt. Und es wäre Staatsaufgabe ersten Ranges, an dieser Stelle mit qualifizierten Beschäftigten in ausreichender Zahl, guten und wirksamen Konzepten, Qualitätskontrolle und Wirkungsanalysen und der notwendigen Ausstattung der Arbeitsmöglichkeiten der Beschäftigten zu reagieren.

Man könnte zum Beispiel über eine Kitapflicht nachdenken. Ich wäre sehr dafür. Spätestens ab dem dritten Lebensjahr übernähme der Staat endlich mehr Verantwortung. Und es wäre richtig, wenn er das täte, denn es geht um viel. Um unsere Zukunft, um junge Menschen. Es wäre richtig, mit einer großen Einstellungs- und Qualifizierungsinitiative ein flächendeckendes Netz frühkindlicher Erziehung bereitzustellen, mit hoch qualifizierten Beschäftigten, die gut bezahlt werden und Werteerziehung im Sinne unserer Gesellschaft sicherstellen. Beschäftigte, die sich ihrer Aufgabe und ihrem Arbeitgeber durch langfristige Bindung und hohe Qualifikation verbunden fühlen.

Was haben Politikerinnen und Politiker stattdessen entschieden? Genau das Gegenteil. Milliarden werden rausgekippt, um eine Industrie zu unterhalten, die ihre mangelnde Wirksamkeit tagtäglich unter Beweis stellt. Der Staat ist weg, der Profit bestimmt. Was in den Familien tatsächlich geschieht, interessiert nicht.

Die Familienhelfer müssten die Stunden, die sie mit den Familien verbringen, nicht einmal dokumentieren, berichtete der Tagesspiegel weiter. Sie müssten sie sich auch nicht durch eine Unterschrift der Eltern bestätigen lassen. Damit fehle eine Dokumentation, die wahrscheinlich manchen Fall ad absurdum führen würde.

Mit anderen Worten: Der Staat macht sich vom Acker. Die Probleme bleiben, jungen Menschen wird nicht wirklich geholfen. Das hat Folgen. Hier werden nicht gesellschaftliche Werte unseres Zusammenlebens vermittelt, hier wird gar nichts vermittelt. Hier wird bespaßt und Zeit miteinander verbracht und vom Steuerzahler finanziert.

Nicht jeden Handgriff müssen staatlich Beschäftigte selbst tun. Natürlich können Unternehmen für die Gesellschaft tätig sein und fachliche Arbeit wird vieltausendfach hervorragend geleistet. Aber der Staat muss wenigstens wissen, was vorgeht. Wirkungsanalysen, Qualitätskontrollen, das muss der Staat selbst leisten, damit er weiß, wofür die Milliarden ausgegeben werden.

Unser Staat hat sich aus der öffentlichen Daseinsfürsorge zurückgezogen. Geblieben ist eine Industrie, die sich ständig vervielfältigt und aufrechterhalten lässt, die aber keine Probleme löst. Und die junge Menschen produziert, die ohne Orientierung sind, ohne Bildung, ohne Perspektiven und ohne Plan.

Jetzt kommen noch ein paar Hunderttausend dazu, Menschen, die weitaus mehr Probleme haben, die unsere Sprache nicht sprechen, unsere Kultur nicht kennen oder zutiefst verachten. Da kommen verlorene Generationen auf uns zu. Die werden wütend sein, wenn sie abgehängt sind. Und zwar gewaltig wütend. Da helfen dann alle Plüschtiere nicht, dann wird wieder die Polizei gerufen werden. Die wird es dann aber nicht schaffen, diesen Zorn in den Griff zu bekommen.

Die Sozialindustrie steht bereit, Steuermilliarden entgegenzunehmen. Die Probleme werden sie nicht lösen, solange mehr Probleme mehr Milliarden bedeuten. Sie wären auch dumm, wenn sie das täten. Schließlich sind sie Unternehmer. Und nicht der Staat.

Starke Familien, Kitas und Schulen kriegen wir nur mit richtigen Investitionen in Erziehung und Bildung, mehr und gut ausgestattete Kindertagesstätten und Kitapflicht, Erziehung und Bildung als zusammenhängenden Auftrag und souveräne Schulen, die mit der notwendigen Autorität und Eigenständigkeit ausgestattet sind, um ihren schwierigen Auftrag zu erfüllen. Präventive Sozialarbeit ist das, und je besser sie funktioniert, umso eher können wir die Gefahren abwenden, die unserer Gesellschaft drohen, durch mäßig oder sogar überhaupt nicht gebildete und erzogene Menschen, die in anonymen Nebengesellschaften heranwachsen und später immer wieder Polizei und Justiz beschäftigen. Wie gesagt, nicht jeder Handgriff muss von Beschäftigten des

Staates durchgeführt werden. Aber was er schon nicht selbst macht, muss er selbst streng und nachvollziehbar kontrollieren und durch ständige Wirkungsanalysen bestätigen.

Mehr Staat ist nötig!

Kapitel 2

Integration? Kriegen wir hin!

In manchen Partei- und Regierungszentralen muss es riesige Keller geben. Gewölbe, in denen ausgebildete Menschen auf ihren Einsatz warten: Hunderttausende Beschäftigte von Schulen, Polizei, Kitas, Rathäusern, Gerichten, Justizvollzugsanstalten und Staatsanwaltschaften, Fachleute, die Häuser bauen oder Projekte abwickeln, aus fremden Sprachen übersetzen oder technische Infrastrukturen schaffen können, Menschen mit hohen Fähigkeiten in Seelsorge, Therapie, Medizin und solche für rechtsstaatliche Verwaltung und Sachbearbeitung, dazu viel Gerät mit modernster Technik und eine umfassende IT-Infrastruktur für Deutschland, und natürlich auch unfassbar viel Geld. Alles das muss irgendwo lagern.

Sollte dem nicht so sein, steht es schlecht um Deutschland. Denn dann wird das nichts mit der Integration aller Menschen, die zu uns gekommen sind. Und das ist gefährlich. Gefährlich für unser Land.

In den Achtzigerjahren und danach haben wir in Deutschland das Thema Integration von Einwanderern gründlich vermasselt. In Duisburg-Marxloh sieht man das, in Bremen, Essen, Berlin und anderswo. Parallelgesellschaften, Abschottung, eigene Justiz, eigene Sprachen,

Regeln, Gesetze, Spott und Verachtung für unseren Staat, für unsere Regeln, unsere Art zu leben, Demütigung und Unterdrückung von Frauen, Attacken gegen die Polizei und den Staat insgesamt. Wer sehen will, kann es sehen. Wollen aber nicht alle.

Im Berliner Neukölln beschreibt die Bezirksbürgermeisterin Franziska Giffey die Lage ziemlich schonungslos: Bei der Grundschule um die Ecke betrage der Anteil von Kindern mit Migrationshintergrund etwa 80 Prozent. An der Zehlendorfer International School sei das ähnlich. Aber in Neukölln seien bis zu 90 Prozent der Kinder von der Zuzahlung zu den Lehrmitteln befreit. Die Kinderarmut liege bei 75 Prozent. »Fast alle Kinder haben zu Hause die Situation, dass der Bezug von Transferleistungen ganz normal ist. Ein Kind mit arbeitenden Eltern ist die Ausnahme«, sagte Giffey im *Welt*-Interview.

Die Lage in diesem Stadtbezirk ist kaum eine andere, als sie in manchen Stadtteilen von Duisburg, Bremen, Essen, Köln und etlichen anderen Städten in Deutschland auch schon Ende 2014 war. Hätte also an Arbeit zur Integration eigentlich schon gereicht. Haben wir nicht hinbekommen, einen neuen Versuch haben wir erst einmal nicht.

Mehr als eine Million Menschen sind im letzten Jahr zusätzlich gekommen, und nahezu täglich kommen weitere. Vielleicht waren es auch zwei Millionen, so genau wissen wir das nicht, wir haben uns längst abgewöhnt, alles so genau wissen zu wollen.

Wir wissen aber Folgendes: Mehr als eine Million Menschen im öffentlichen Dienst gibt es nicht mehr, die Stellen wurden gestrichen: Viele engagierte Beschäftigte, die Integration leisten müssten und könnten. Die beim Staat beschäftigt wären, nicht bei irgendeiner »Initiative« oder in einem »Projekt« oder einer »Gemeinnützigen GmbH«. Menschen also, die sich mit diesem Staat verbunden fühlen, sich mit ihm und seinen Gesetzen und Werten identifizieren. Die sind weg.

Noch einmal: Mindestens eine Million Einwanderer mehr und mindestens eine Million Beschäftigte weniger. Aber jetzt klappt es angeblich mit der Integration. Wie naiv muss man sein, um das zu glauben?

Viele Tausend Menschen, die über die Grenzen in unser Land gekommen sind, sind bei uns ordnungsgemäß registriert worden, haben Anspruch auf unseren Schutz, werden vermutlich lange hierbleiben. Sie haben sich schon jetzt Mühe gegeben, sind zu den Behörden gegangen, haben sich und ihre Beweggründe offenbart. Ihre Kinder sind wissbegierig und neugierig auf unser Land. Sie wollen hier rechtstreu und fleißig sein, eher unauffällig, und denjenigen mit Respekt begegnen, die sie aufgenommen haben. Das sind möglicherweise die meisten. Sicher ist das nicht, aber nehmen wir es mal an.

Ihre Integration kann gelingen. Auch da wird es schwer, weil in der Vergangenheit Strukturen zerstört und geschwächt wurden, die diese Arbeit leisten müssen. Weil die Beschäftigten nicht mehr da sind, Stellen gestrichen, Behörden geschlossen wurden. Weil Politiker leichtsinnig und fahrlässig denjenigen geglaubt haben, die ihnen erzählten: das ist privatwirtschaftlich alles viel besser organisiert oder das regelt die Zivilgesellschaft. Alles ehrenamtlich sozusagen. Staatsaufgaben werden nach Feierabend erledigt. Und natürlich umsonst. Ganz nebenbei. Jetzt klappt das.

Wenn`s mal irgendwo hakt, holen wir Unternehmensberater. Wie jetzt beim BND. Und vorher beim Lageso in Berlin. Unternehmensberater kommen dann, wenn Politiker überhaupt nicht mehr weiter wissen und ihrer eigenen Verwaltung nicht mehr trauen, ihr nichts mehr zutrauen. Dann kommen die smarten Laptop-Träger und erklären an bunten Schaubildern, wie das Leben funktioniert. Unternehmensberater, die in manchen Ländern schon die Polizei an den Rand der Handlungsfähigkeit gebracht haben, müssen niemals verantworten, was sie den Politikern aufschwatzen. Und wenn ihre Konzepte in der Lebenswirklichkeit bestehen sollen, sind sie meisten längst über alle Berge – unter Mitnahme nicht unerheblicher Steuermittel. Zurück bleibt eine zumeist ratlose öffentliche Verwaltung. Die muss das alles reparieren und den Versuch unternehmen, wieder halbwegs rechtsstaatliche Verhältnisse zu schaffen. Und unsere Parlamentarier haben jemanden gefunden, der ihnen erklärt, dass sie alles richtig machen. Politik als PowerPoint, das wahre Leben ist woanders.

Es gibt viele Beispiele gelungener Integration. Natürlich gibt es den syrischen Bäckerlehrling und viele andere. Immer wieder präsentiert, und wir freuen uns jedes Mal darüber, wenn solche Werdegänge beschrieben werden.

Nun dramatisieren Sie mal nicht!

Aber da wären noch ein paar Kleinigkeiten, über die nur selten gesprochen wird. Die Einzelfälle, die man gar nicht so gern wahrnimmt, die nicht wichtig sind und die den allgemeinen Integrationsrausch stören. Zum Beispiel diejenigen Menschen, die wir nicht kennen. Die uns auch gar nicht kennenlernen und schon gar nicht in unsere Gesellschaft integriert werden wollen. Und diejenigen, die schon lange hier sind und nicht in unsere Gesellschaft integriert werden konnten. Die von den Vertretern der Willkommenskultur bezeichnet werden als »Menschen, die hier kulturell etwas überfordert« sind. Klingt harmlos, ist es aber in Wahrheit nicht.

Zum Beispiel die aus der Silvesternacht in etlichen deutschen Städten. Und ihre neuen Freunde, die im vergangenen Jahr zu uns gekommen sind und weiter einreisen. Die Grapscher, Vergewaltiger, Schläger, Räuber, die Antänzer, Einbrecher, Ladendiebe, Taschendiebe, Clanchefs, Mitläufer, Anstifter, Extremisten. Was machen wir mit denen? Auch integrieren? Mit Sprachkursen bei der Arbeiterwohlfahrt? Bücherstunden bei der Caritas? Willkommenspartys bei den unzähligen Initiativen, die mit edler Gesinnung und einfallsreichem Geschäftssinn ihre Versorgungsschläuche beim Staatssäckel angeschlossen haben? Da darf man gespannt sein, teuer wird`s in jedem Fall.

Achtung, jetzt kommt die politische Schule der Beschwichtigungsrhetorik, die uns glauben machen will, alles sei in Ordnung:

- Man darf nicht pauschalisieren (tun zwar gar nicht so viele, aber trotzdem darf dieser Hinweis nie fehlen).
- In einer solchen Situation darf man nicht dramatisieren (solange, bis man selber Opfer wird: Wo war die Polizei?).
- Man darf auch nicht alle stigmatisieren (tun auch gar nicht so viele, aber man muss es immer wieder betonen, sonst kriegt man die Kurve zur Tagesordnung nicht).
- Man darf die Stimmung nicht anheizen (die gegen ungeliebte Kritiker und Parteien schon).
- Es gibt so viele gelungene Projekte zur Integration (deren Wirksamkeit eher selten überprüft wird).
- Man darf rechten Populisten keine Argumente liefern (als ob linke Populisten das nicht ausreichend tun würden).
- Eigentlich gibt es das alles gar nicht.
- Man muss die Zivilgesellschaft stärken.
- Man muss viel mehr differenzieren.
- Man muss allen Menschen mit offenem Herzen begegnen.

- Auch Deutsche begehen schließlich Straftaten.
- Wir brauchen mehr Projekte.
- Wir brauchen eine stärkere Aufnahmebereitschaft.
- Wir sollten uns auch integrieren.
- Wir müssen unsere Werte nur besser erklären.
- Wir dürfen nicht ausgrenzen.
- Überhaupt sind wir eigentlich irgendwie daran schuld, wenn was schiefläuft.

Die Sätze sind ausbaufähig, austauschbar und in ihrer Reihenfolge beliebig. Wer in einer der Zentralen sogenannter etablierter Parteien oder in einem Regierungsamt oder im Vorstand der Sozialindustrie sitzt, hat gut reden. Da lässt es sich wohl aufhalten, in der moralischen Wohlfühlecke. Da parliert man kultiviert, ist ethisch gefestigt, mit sich zufrieden, mit reinem Herzen und aufrichtiger Ehrlichkeit gesegnet. Und die Empörung über alle Mahner und Zweifler tut der eigenen aufrichtigen Gesinnung so unfassbar gut.

Wer in einer Behörde oder anderen Einrichtung arbeitet und mit aufgebrachten, fordernden und aggressiven »Leistungsempfängern« kämpft, in Klassenzimmern gegen Verwahrlosung, Verdummung, Anmaßung und Gewalt streitet, wer im Steinhagel zwischen Rechts- und Linksextremisten steht, wer im Flüchtlingsheim gewalttätige Afghanen und ebenso gewalttätige Iraker trennen soll, wer Opfer von Straftaten sieht oder selbst Opfer geworden ist, die Täter lachend, frech feixend in die Freiheit schlendern sieht und keine Kraft mehr hat, um sich der drohenden Gefahr entgegenzustellen, der hat weniger gut reden.

Wir leben in einem verrückten Land. Bei uns darf jemand im Rahmen der Einbürgerungsfeier und Überreichung der Urkunde der deutschen Staatsbürgerschaft derjenigen Amtsträgerin, die ihm die Urkunde übergibt, unter Hinweis darauf, dass sie eine Frau ist, den Handschlag verweigern. Die Urkunde gibt`s trotzdem. Und irgendwo sitzen Verantwortungsträger, die das für Integration halten. Von mir bekäme er die Urkunde nicht.

Kostet nix, alles im Griff!

Die Kostenfrage der Integration ist ungelöst, auch wenn uns das Gegenteil suggeriert werden soll. Unsere Parlamente und Regierungen sind ja berühmt dafür, Kostenschätzungen abzugeben, in der Regel wird es dann richtig teuer. Jetzt sagt die Bundesergierung, dass sie in den kommenden Jahren 94 Milliarden Euro für Flüchtlinge zur Verfügung stellen will. In der öffentlichen Berichterstattung ist dabei herausgekommen: »So viel kosten Flüchtlinge.« Das ist mindestens unzureichend. Es ist lediglich klar, was die Bundesregierung zur Verfügung stellen will. Was sie letztlich zur Verfügung stellen muss, weiß niemand. Was Länder und Kommunen drauflegen, auch nicht.

Niemand kann die Folgen abschätzen, wenn diejenigen, die hier geboren und aufgewachsen und am Zustandekommen des Steueraufkommens nicht unmaßgeblich beteiligt sind, das Milliardenspiel unserer Menschen mit edler Gesinnung nicht mehr mitmachen wollen. Wenn sie die Nase voll haben davon, dass ältere Menschen, die nicht mehr sicher auf den Beinen sind, sich mit ihrer Krankenkasse für jede einzelne Taxifahrt zum Arzt herumschlagen müssen, während andere, viel jüngere und kerngesunde Mitbürgerinnen und Mitbürger für zigtausende Euro mit Taxis zu Behördengängen fahren, mit der abenteuerlichen Begründung, dass sie sich vielleicht verlaufen könnten, weil sie sich nicht auskennen. Über Riesenstrecken hinweg zu fliehen, das klappt gerade noch, aber zur Sozialbehörde zu Fuß oder mit dem Bus, das ist unzumutbar, da muss man schon seltsam drauf sein, um nicht wütend zu werden.

Wie werden diejenigen Menschen langfristig reagieren, die einer ganz normalen Arbeit nachgehen und deshalb vielleicht keine Zeit für Flüchtlingsarbeit haben, vielleicht sogar zwei Jobs machen müssen, um ihren Lebensunterhalt zusammenzukratzen? Und wenn sie sehen, dass diese Gesellschaft für sie im Alter nur wenige Minuten am Tag Zeit hat, um einer miserabel bezahlten Pflegekraft den Auftrag zu finanzieren, sie schnell zu füttern und Körperpflege zu machen. Während gleichzeitig für jugendliche Schläger, Räuber und Diebe eine Rund-um-die-Uhr-Betreuung gefordert wird, damit sie nach einer langen kriminellen Karriere auf den rechten Weg kommen.

Das ist Sozialpopulismus. Und das haben die Vertreter der Willkommenskultur längst erkannt und verboten. Weil man hier Dinge miteinander vergleicht, die sachlich nicht zusammengehören. Das stimmt. Aber die Menschen machen es trotzdem. Und sie empören sich darüber. Und sie sind zornig und frustriert. Und der Zorn wächst täglich.

Übrigens auch dann, wenn sich weitere Kostenexplosionen anbahnen. Ein solcher Fall zeichnet sich in der nordrhein-westfälischen Landeshauptstadt Düsseldorf ab, er steht beispielhaft für viele, die noch folgen werden. Auch dort hatte es, wie in weiteren deutschen Großstädten, unzählige Übergriffe krimineller Nordafrikaner in der Silvesternacht gegeben. Einer der Täter wurde wegen Körperverletzung und tätlicher Beleidigung zu einem Jahr und sieben Monaten ohne Bewährung verurteilt. Das war der vorläufige Endpunkt einer Serie von Straftaten, die er begangen hatte, darunter Körperverletzungen, Sachbeschädigungen, Hausfriedensbruch, Diebstähle. Nach der Verurteilung muss jetzt das

Ausländeramt Düsseldorf den Versuch unternehmen, die Abschiebung des Täters durchzusetzen.

Zur Erinnerung: Er ist nur einer der 2244 ermittelten tatverdächtigen »Nordafrikanischen Intensivtäter«, allein in Düsseldorf, bundesweit dürften es einige Zehntausend sein. Ob die Abschiebung gelingt, weiß niemand, da dürften etliche Hindernisse zu überwinden sein. Mit Sicherheit werden sich zahlreiche Initiativen finden, die mit geballter juristischer und moralischer Keule für sein Verbleiben in Deutschland kämpfen werden. Und selbst wenn die Abschiebung gelingt, darf man sich bei dem löchrigen Käse, als der sich die europäische Außengrenze darstellt, keine Illusionen darüber machen, wie schnell es ihm gelingt, wieder einzureisen. Das schaffen Tausende andere schließlich auch immer wieder. Die Tatsache, dass dieser Täter eine sechzehnjährige Düsseldorferin geschwängert hat, dürfte ihm ohnehin irgendwann einen unbegrenzten Aufenthaltsstatus sichern. Möglicherweise werden Integrationseiferer jetzt jubeln, weil doch auf diese Weise ganz nebenbei unser demografisches Problem gelöst werden könnte. Wer so denkt, glaubt auch, dass der Strom aus der Steckdose kommt. Im Ergebnis werden ältere Beschäftigte länger zu arbeiten haben, damit jüngere, ungebildete und teilweise kriminelle Hartz IV-Dauerempfänger unterhalten werden. Auch als Laie in Sachen Rentenversicherung erkennt man, dass hier etwas nicht stimmt. Die Sache mit dem Generationenvertrag war jedenfalls anders gemeint.

Vor diesem Hintergrund muss man auch eine andere erschreckende Zahl bewerten. Nämlich die Zahl 600 000. Das nämlich ist die Zahl abgelehnter Asylbewerber, die sich trotz der Ablehnung noch in Deutschland aufhalten. Natürlich wird diese Zahl auch sofort wieder bestritten. Diese Menschen sollten eigentlich unser Land verlassen oder es schon längst verlassen haben. Wo soll denn eigentlich die Polizei oder die Ausländerbehörde sein, die auch nur ansatzweise in der Lage ist, diese Menschen abzuschieben. Oder die in der Lage ist, diese Personen überhaupt wieder ausfindig zu machen. Denn natürlich tauchen viele unter, wenn sie die Nachricht bekommen, dass ihr Asylantrag abgelehnt wurde.

Ein spannendes soziales Experiment

Die Kölner Silvesternacht hat unmittelbar danach zu scharfen Stellungnahmen geführt, die Politik war mal wieder empört. »Da muss der Rechtsstaat jetzt mit aller Konsequenz durchgreifen!« oder »Der Rechtsstaat muss das mit aller Härte ahnden!« – den Rest kennen wir. Der Rechtsstaat ist auch ganz schnell wieder ruhig. Ein bisschen Freiheitsentzug wegen wiederholtem Handydiebstahl, ein bisschen Bewährung, ein bisschen Belehrung, Feierabend.

Dabei ist die Szene am Kölner Hauptbahnhof nicht neu. Es gibt sie auch in anderen Großstädten, Düsseldorf, Frankfurt und überall dort, wo sich mit Diebstählen, Raub, Betrügereien und anderen Delikten ein auskömmliches Leben führen lässt, seit vielen Jahren schon. Die Täter, Tausende Nordafrikaner, sind den Behörden seit Jahren bekannt, nicht zuletzt aus dem ewigen Kreislauf von Tatentdeckung, Festnahme, Anzeigenfertigung, Entlassung des Täters in die Freiheit, auf zu neuen Taten. Und dann von vorn. Die Polizei verzweifelt, die Justiz ist hilflos und ohne Interesse, die Politik im Schweigemodus, der Staat mal wieder weg.

Jetzt haben sich noch Tausende weitere Nordafrikaner hinzugesellt, die mit vielen tatsächlichen Flüchtlingen auf teilweise abenteuerlichen

Wegen zu uns gekommen sind. Ist ja auch klar, dass die kommen. Wo gibt es schon ein Land, in dem man relativ unbehelligt Straftaten ohne Ende begehen kann, ohne wirkliche Sanktionen befürchten zu müssen.

Im Zuge des politischen Ringens darum, ob die Länder Algerien, Marokko und Tunesien zu »sicheren Herkunftsstaaten« erklärt werden sollen, lässt uns die Bundesregierung denn auch wissen, dass es zum Helfen auch gehöre, Nein sagen zu können. Einige Nordafrikaner kämen nach Deutschland, weil die Leistungen besser seien als vielleicht die Lebensbedingungen im Herkunftsland. Ist schon erstaunlich, dieser rasche Erkenntnisgewinn. Die Polizei weiß das seit vielen Jahren.

Und auch Alice Schwarzer weiß, warum junge männliche Muslime solche Straftaten begehen, nicht nur in der Silvesternacht, nicht nur in Köln. Die Meldungen über andere Straftaten gegenüber Frauen reißen nicht ab. Belästigungen, Vergewaltigungen und verbale sexuelle Attacken sogar gegenüber Polizistinnen, Richterinnen, Beschäftigte in den Leistungsabteilungen der Sozialbehörden, die Liste ist lang. Nun ist Alice Schwarzer ja schon seit Jahrzehnten eine absolute Expertin in der Beurteilung männlicher Verhaltensmuster in Deutschland. Dass sie ihre Forschungen auch auf die muslimische Männerwelt ausgedehnt hatte, war bislang verborgen geblieben. In ihrem Buch »Der Schock« teilt sie uns ihr Wissen in einigen Thesen mit. So zum Beispiel, dass junge Muslime aus Nordafrika und dem Nahen Osten die öffentliche Gewalt gegen Frauen nach Deutschland gebracht hätten.

Sicher sind viele von ihnen Muslime, aber sie sind vor allem Männer. Ich glaube nicht, dass die auf dem Bahnhofsvorplatz ihren Glauben ausgelebt haben. Die haben männliche Gewaltfantasien ausgetobt, kranken und sexuellen Gelüsten und kriminellen Neigungen freien Lauf gelassen und Menschen beklaut, was das Zeug hielt. Im Schutz der Masse, der Dunkelheit und der Gewissheit, dass niemand da ist, der sich ihnen wirklich entgegenstellt. Und das war nicht nur in Köln so. Auch in anderen Großstädten nutzten junge Männer die Gelegenheit, sich auf diese Weise auszutoben. Und glaube niemand, dieser Staat könnte gewährleisten, dass dies alles einzelne Ereignisse waren.

Und diejenigen, die die Polizei jahrzehntelang geschwächt, beschimpft und in ihren Wirkungsmöglichkeiten bekämpft haben, sind jetzt wieder die ersten, die ihr Versagen und Unfähigkeit vorwerfen. Das alte Spiel, durchschaubar, jämmerlich und verantwortungslos.

Der »Karneval der Kulturen« in Berlin hat gezeigt, dass die kriminellen Machos sich auch bei Tageslicht nicht scheuen, Frauen zu belästigen, zu demütigen und zu quälen. Und wieder schlägt der Rechtsstaat hart und konsequent zu: Nach Personalienfeststellung kommen die Täter unverzüglich wieder auf freien Fuß. Ich kann jeden verstehen, der sagt, das ist nicht der Rechtsstaat, den ich haben will, das ist überhaupt kein Rechtsstaat mehr.

Und Alice Schwarzer liegt tatsächlich nicht falsch, wenn sie sagt, dass falsch verstandene Toleranz gegenüber Muslimen zu gefährlichen Denkverboten führt und die Verdrängung der Wahrheit über die Täter mit der NS-Vergangenheit der Deutschen zu tun habe. Die Nazikeule ist das Erste, was einem begegnet, wenn man offen und klar über die Täter und ihre Motive spricht. Und das ging nach dem ersten Entsetzen über die Silvesternacht schon gleich los. Und zwar nach altbekanntem Muster.

Zunächst muss man ermahnen: »Man darf jetzt nicht alle Muslime unter Generalverdacht stellen.« Dann muss man relativieren: »Schließlich gibt es auch sonst viel sexuelle Gewalt in Deutschland.« Dann muss man vor Überreaktionen warnen: »Das muss man jetzt rechtlich sauber aufarbeiten und dabei darf man nicht überreagieren.« Und dann muss man noch diejenigen beschimpfen, die auf die tatsächlichen Geschehnisse hinweisen, ohne sich ablenken zu lassen: »Solche Reden bedienen rechte Ressentiments!«

Und dann geht man wieder zur Tagesordnung über. So läuft das in Deutschland. Fehlen darf natürlich nicht der Hinweis, dass es schließlich auch deutsche Gewalttäter gibt. Immer wieder gern zur Relativierung und Verharmlosung genutzt. Schließlich sind nach dieser zynischen Logik nordafrikanische Vergewaltiger, Schläger und Räuber in der Gewissheit besser zu ertragen, dass der Täter auch ein Deutscher hätte sein können.

Letztlich fehlt noch Christian Pfeiffer, der ewige Vertreter des Kriminologischen Forschungsinstitutes aus Niedersachsen. Der lässt uns wissen, dass das alles nicht so schlimm ist. Nach den Erfahrungen mit der Flüchtlingswelle aus dem Bürgerkrieg Exjugoslawiens und dem starken Zustrom von Asylbewerbern und Aussiedlern Anfang der Neunziger rechneten wir mit einem Anstieg des Ladendiebstahls und anderer leichter bis mittelschwerer Straftaten. Die Gewaltkriminalität werde voraussichtlich wie damals hinter dem zurückbleiben, was angesichts der großen Zahl der Zuwanderer rechnerisch zu erwarten wäre.

Integrieren müssen wir natürlich auch. Na, da wollen wir die kleinen Racker vom Bahnhofsvorplatz doch gleich mal auf den Christian-Pfeiffer-Integrationskurs mitnehmen. Der räumt ein, dass da eine große Aufgabe bevorstünde, wenn man die jungen Kerle von den gewaltlegitimierenden Männlichkeitsnormen abbringen wolle. Geflohen zu sein, bedeute ja nicht, die eigene Kultur verloren oder abgelegt zu haben wie ein Kleidungsstück. Da hätten wir in den nächsten Jahren ein richtig spannendes soziales Experiment vor uns.

Spannendes soziales Experiment also. Forschungslabor Deutschland. Ich bin mir aber nicht sicher, ob die Deutschen wirklich die Labormäuse der Vertreter unserer Willkommenskultur sein wollen. Ich könnte mir sogar vorstellen, dass die vielen Frauen, die in der Silvesternacht Opfer wurden, gar keine Lust auf die spannenden sozialen Experimente des Herrn Pfeiffer haben.

Gewalt gegen Frauen – Stellt euch nicht so an!

Unter den Kriegsflüchtlingen befänden sich nicht nur Opfer der Gewalt, sondern auch viele Täter, ja sogar zahlreiche Islamisten. Diese vorwiegend jungen Männer brächten die Kultur der Gewalt, auch die gegenüber Frauen, mit sich aus Nahost nach Deutschland. Die Silvesternacht von Köln sei kein Einzelfall, wie uns Politiker vormachen wollten, um die Bedeutung der Angelegenheit herunterzuspielen.

Man stelle sich vor, ich hätte solche Zeilen geschrieben. Die geballte deutsche Sprach- und Denkpolizei wäre über mich hergefallen. Glücklicherweise war es Bassam Tibi, 72 Jahre alt, emeritierter Professor der Universität Göttingen. Vermutlich kein Rechtsextremist. Oder vielleicht doch. Für Ralf Stegner sicher. Für den Sympathieträger aus Deutschlands Norden ist erst einmal jeder verdächtig. Außer er selbst natürlich.

Aber viel klüger ist Bassam Tibi, der weiter meinte, viele Deutsche schienen die Gewalt, die in der Tradition einer orientalisch-patriarchalischen Kultur gegen Frauen stünde, nicht zu verstehen. Im Orient gelte die Frau als Gegenstand der Ehre eines Mannes. Die Schändung einer Frau werde nicht nur als Sexhandlung und Verbrechen an der Frau selbst betrachtet, sondern eher als Akt der Demütigung des Mannes, dem sie gehöre.

Köln sei nur der Anfang gewesen. Der Werbung entnähmen diese jungen Männer eine Ankündigung des Wohlstands. Durch eine Notunterbringung in Schul- und Sporthallen fühlten sie sich jedoch betrogen, ja diskriminiert. Die enttäuschten und wütenden arabischen Männer hätten sich in Köln und Hamburg an den deutschen Männern gerächt, vertreten durch deren Frauen.«

Soweit, so schlecht. Wenn Köln nur der Anfang war, dürfen wir uns auf weitere schlechte Nachrichten gefasst machen. Und selbst wenn manche Berichterstattung aus deutschen Schwimmbädern immer noch als bedauerliche Einzelfälle fehlgeleiteter und verwirrter junger Männer daherkommt, die der Versuchung leicht bekleideter Frauen einfach nicht widerstehen konnten, stehen die Menetekel einer unheilvollen Entwicklung längst an der Wand und man muss schon abgebrüht oder völlig abgedreht sein, wenn man das nicht sieht.

Was die Lage in Schwimmbädern und öffentlichen Saunen angeht, sehen wir im Wesentlichen zwei Szenarien entgegen. Eines wird sein, dass sich viele Menschen von dort fernhalten und nach Alternativen suchen werden. Dann sind die Schwimmbadbetreiber schon bald ziemlich allein und das »spannende soziale Experiment« wird nichts.

Die andere Alternative ist, dass die Menschen ihren Schutz selbst in die Hand nehmen. Das wurde in öffentlichen Freibädern im vergangenen Jahr schon sichtbar. So läuft das eben, wenn der Staat nicht da ist.

Natürlich sind da Aufsichtspersonen, die im Bedarfsfall die Polizei rufen. Und dann werden Personalien festgestellt und ein Vorgang geschaffen. Aber bevor der ausgedruckt ist, ist der Täter schon wieder auf dem Weg ins Schwimmbad. Mit Freikarte selbstverständlich. Die ist wohl Teil des sozialen Experiments.

Im Alltag wappnen sich die Bürgerinnen und Bürger bereits, wenn auch noch im bescheidenen Maße. Im Jahr 2014 waren es nur im Freistaat Bayern noch 2 379 sogenannte Kleine Waffenscheine, im letzten Jahr schon 5 748 Menschen, die sich mit Schreckschusspistolen legal ausstatten und diese auch im öffentlichen Raum führen wollen. Bundesweit werden es vermutlich bald Hunderttausende sein. Und die Leute, die dies beantragen und sich entsprechend ausrüsten, sind nur die rechtstreuen Bürgerinnen und Bürger, diejenigen also, die noch einen Antrag bei einer Behörde stellen und sich offenbaren. Die illegale Bewaffnung kann man nur erahnen. Wird auch ein »spannendes soziales Experiment«.

Nach und nach, wenn es sich gar nicht mehr bestreiten lässt, wird auch die Gewalt gegen Frauen und Christen innerhalb der Flüchtlingsunterkünfte zur Kenntnis genommen. Frauenverbände, Hilfsorganisationen und andere Mahner wurden bislang mit bekannten Sprachmustern abgefertigt (»kein klares Lagebild«, »zu früh, um Aussagen zu treffen« usw.). Und schon einen Tag nach der alarmierenden Meldung aus den Unterkünften in Hessen warnten alle Fraktionen des Landtages: »Einzelfälle, nicht dramatisieren, Gewalt gegen Frauen gibt es auch in Ehen und Partnerschaften, nicht überbewerten.« Das alte Muster: Stellt euch nicht so an!

Und das Sozialdezernat der Stadt Frankfurt lässt wissen, dass man an Standards für den Schutz vor Gewalt in Flüchtlingseinrichtungen arbeitet. Diese Richtlinien sollen vor allem Kindern und Frauen zugutekommen, aber auch dabei helfen, religiös motivierter Gewalt entgegenzutreten. Das wird ja spannend, wenn die Opfer demnächst mit den Richtlinien in der Hand den Tätern entgegentreten.

Es muss qualifiziertes Personal in diese Unterkünfte, professionelle Sicherheitsunternehmen, Betreuer und Aufsichtspersonal, Psychologen und Opferbetreuer – der Staat muss sich kümmern, ist aber irgendwie wieder mal weg.

Die Menschen werden es sich nicht gefallen lassen, im Stich gelassen zu werden und sich selbst wehren. Niemand kann das wollen, aber es wird so kommen. Die Anzeichen reichen noch nicht, um ein Umdenken einzuleiten. Wie so oft müssen erst innere Unruhen, Straßenschlachten, brennende Autos und Barrikaden, verletzte Polizeikräfte und geplünderte Ladenzeilen die Abendnachrichten füllen, bis der erste Workshop zur Lagebewältigung entsteht.

Das aufgeregte Geschrei mancher politischer Verantwortungsträger kann ich jetzt schon hören. Und die Rufe nach der Polizei, nach harten Urteilen, nach dem Durchgreifen eines starken Staates. Zwei Tage später dann wieder die Ermahnungen in Sachen Generalverdacht und dann die alte Leier von der Willkommenskultur und den gelungenen Integrationen und dann wieder rasch zur Tagesordnung.

Lange geht das nicht mehr gut. Natürlich kann man die Kommentarfunktionen der sozialen Netzwerke und Onlinezeitungen ignorieren und sagen, das sind nur ein paar Spinner, die sich da gegenseitig hochschaukeln. Aber das ist ein Fehler. Spätestens an den Wahlurnen können die Menschen wahr machen, was sie in den Netzwerken ankündigen. Nämlich populistische oder gar extremistische Parteien wählen. Klar, die sogenannten etablierten Parteien können dann noch ein paar Tricks anwenden, um deren Vertreter von parlamentarischen Ämtern fernzuhalten (was ich für undemokratisch und billig halte), aber der Zorn der Menschen wird dadurch eher größer.

Gesetze schieben niemanden ab

Es gibt Leute, die behaupten, der Islam gehöre nicht zu Deutschland. Ehrlich gesagt, ist mir diese Diskussion ziemlich egal, sie löst jedenfalls kein Problem. Der Islam ist bekanntlich eine Religion, die es überall auf der Welt gibt. Mir wäre jetzt nicht bekannt, dass er Deutschland ausgelassen hätte. Er gehört zu Deutschland wie das Christentum zum Irak oder zu Syrien oder Afrika.

Aber kriminelle Asylbewerber gehören nicht zu Deutschland. Das muss sich unser Land nicht gefallen lassen. Deshalb ist es ja richtig, wenn vermehrt abgeschoben wird und auch die gesetzlichen Voraussetzungen für rasche Abschiebungen verbessert werden. Ist schon irgendwie recht spät, aber immerhin. Aber es sind eben nicht Gesetze, die abschieben, es sind Menschen, die das durchsetzen müssen, Beschäftigte des Rechtsstaates, die in ausreichender Zahl vorhanden, respektiert und abgesichert und vernünftig bezahlt und versorgt werden müssen. Und alles das tut der Staat nicht.

Selbstverständlich sind Tunesien, Marokko und Algerien sichere Herkunftsländer – es sind deutsche Urlaubsländer! Seltsamerweise muss der Bundesrat auch da noch zustimmen. Ist ja klar, dass im Saarland, Bremen, Thüringen und anderswo jeweils gesondert geprüft werden muss, wie die Menschenrechtssituation in der Welt ist. Manchmal frage ich mich, warum die Bundesländer nicht noch jeweils eigene Außenminister haben.

An den begrenzten Möglichkeiten lokaler Behörden und der Polizei, Abschiebehindernisse beiseite zu räumen, die unsere gigantische Flüchtlingsindustrie mittlerweile etabliert hat, ändert diese ganze Gesetzgebungsmaschine nichts. Gibt es Abschiebehaftanstalten in ausreichender Zahl? Justizvollzugskräfte? Gibt es Gerichte, die rasch entscheiden und sodann ihre Beschlüsse und Urteile auch konsequent umsetzen lassen? Fehlanzeige.

Wer aus diesen Ländern kommt und nach Jahren der juristischen Auseinandersetzung endlich die endgültige Ausreiseverpflichtung in der Tasche hat (und auch wenn die jeweilige Regierung dazu bereit ist, ihren Staatsbürger »zurückzunehmen«), kann sich relativ beruhigt zurücklehnen, denn was wir eine Verschärfung der Abschiebepraxis nennen, findet meist nur auf dem Papier der Gesetzgebung statt, ist virtuelle Politik statt Lebenswirklichkeit. Insgesamt 57 Bürger der vorgenannten Maghreb-Staaten im Vierteljahr, das ist das ernüchternde Ergebnis eines Staates, in dem Hunderttausende Menschen ausreisepflichtig wären.

Das ist Deutschland 2016, die Gefahren wachsen. Denn wer hier in der Illegalität lebt, hat kaum eine Chance, ohne Straftaten über die Runden zu kommen. Und das bedeutet eben immer auch, dass Opfer produziert werden, die dazu beitragen, dass Angst und aggressive Stimmung in der Bevölkerung steigen.

Wenn man tatsächlich diejenigen in unsere Gesellschaft integrieren will, die mindestens für einen längeren Zeitraum hier bleiben wollen und dürfen, dann muss man zunächst diejenigen identifizieren, auf die das nicht zutrifft. Zweifellos sind dies zum Beispiel die nordafrikanischen Intensivtäter aus unseren Großstädten. Mit einer Anerkennungsquote von unter 1 Prozent hätten sie gar nicht erst ins Land gedurft, aber dieser Fehler lässt sich nur unter ungeheurem Aufwand rückgängig machen.

Aber spätestens dann, wenn sie straffällig und festgenommen werden, muss das Verfahren ihrer Abschiebung beginnen. Strafverfahren, Urteil, Abschiebehaft und Abschiebung müssen ohne Lücken ineinander greifen. Nur dann werden auch in die jeweiligen Szenen hinein die richtigen Signale gesetzt. Der Rechtsstaat kann sich nicht nur wehren, er muss es sogar.

Aber dazu braucht es eben auch den handelnden Staat. Es braucht den echten Willen, jetzt endlich gegenzusteuern, es braucht ausreichende Abschiebehaftanstalten (in Berlin wurde die letzte 2015 geschlossen, 340 Haftplätze bleiben jetzt leer), geschlossene Unterbringungen für minderjährige Kriminelle, es braucht Bewachungspersonal, Betreuung, Transportkapazitäten, Richterinnen und Richter, Staatsanwältinnen und Staatsanwälte, Polizistinnen und Polizisten – nichts davon ist in ausreichendem Maße vorhanden. Willkommen im schlanken Staat.

Deshalb sind die gesetzgeberischen Aktivitäten, die seit Monaten zu registrieren sind, nicht falsch. Ohne ausreichendes Personal ist kein Staat zu machen. Ohne Menschen bleiben Gesetze virtuelles Staatshandeln. Und das erleben wir nun wirklich genug.

Erst wenn man diejenigen identifiziert hat, die hier nicht integriert werden wollen und sollen, und erst wenn wir uns von diesen Menschen getrennt haben, werden wir die Kraft aufbringen, denjenigen hier in Deutschland eine neue Heimat zu geben, die hier nach unseren Gesetzen leben wollen, sie in unsere Gesellschaft aufzunehmen und willkommen zu heißen.

Wer das will, muss den Staat stärken.

Kapitel 3

Bitte nicht stören – Das Parlament ist dann mal weg

Fast wäre es passiert. Um ein Haar hätten die Österreicher einen Präsidenten gewählt, der Norbert Hofer heißt, ein Politiker einer demokratischen Partei Österreichs, der FPÖ. Einfach so wollten viele Österreicher ihn zum Präsidenten wählen, demokratisch, geheim und frei. Der Aufschrei war groß. Also, ihr Österreicher, ihr habt auch nichts kapiert. Natürlich sollt ihr frei wählen, aber doch nicht was ihr wollt! Da gab`s zu Recht ordentlich Schimpfe aus Deutschland. Glücklicherweise haben die anderen Parteien noch eine zweite Chance gehabt und dann gemeinsam eine andere Entscheidung herbeigeführt. Das war spannend bis zum Schluss, vielleicht wird auch jetzt noch ausgezählt. So etwas kann in Deutschland nicht passieren, unsere Demokratie ist klar besser. Die Deutschen wählen ihren Präsidenten nicht und der zweite Mann im Staat, der Bundestagspräsident, ist heilfroh darüber. Das wäre auch noch schöner, Demokratie beim Präsidentenamt. Die Deutschen sind zu blöde dafür. Uns fehle die politische Reife, sagen Berufspolitiker. Deshalb machen das andere für sie, die Bundesversammlung. Die können das besser; denn da sitzen Abgeordnete aus Bund und Ländern und ein paar Freunde bringen sie auch noch mit. Das können Sportler sein, Fußballtrainer oder Sänger, Frauenrechtlerinnen, Schauspielerinnen und Schauspieler, Boxerinnen und Boxer oder irgendwer, egal. Hauptsache irgendwie bekannt und nicht vom Volk gewählt. Einige wenige Menschen einigen sich, der Rest macht mit und – »trara!«. Schon ist ein neues Staatsoberhaupt da. Seht ihr, Österreich, so geht Demokratie. Dass die Deutschen ihren Präsidenten eigentlich selbst wählen wollen, stört dabei niemanden. Seit wann interessiert, was das Volk will. Und dabei können wir noch froh sein. Schließlich darf unser Präsident nicht viel, er repräsentiert meist nur. Eigentlich unlogisch, dass wir politisch Unreifen unsere Parlamente wählen dürfen, die wichtige Entscheidungen treffen könnten.

Gesetze? Weg damit!

Im vergangenen Jahr wurden die Abgeordneten, wie auch die Bundesregierung, gegen Ende der parlamentarischen Sommerpause durch die Einwanderung von Flüchtlingen überrascht. Über mehrere Routen wanderten Hunderttausende nach Deutschland ein, das konnte angeblich niemand vorhersehen. Okay, die Sicherheitsbehörden schon, die hatten das auch frühzeitig angekündigt, die Medien berichteten auch, aber dann kam die verflixte Sommerpause dazwischen und es musste ja auch im Urlaub gewandert werden. Da war die Regierung anschließend gezwungen, schnell zu handeln und ein Gesetz, das der Gesetzgeber erlassen hatte, kurzerhand außer Kraft setzen. Denn eigentlich hatte der Gesetzgeber beschlossen, dass an den deutschen Grenzen die Regeln angewendet werden, die sich die EU gegeben hatte. Demnach hätten alle diejenigen, die nicht legal nach Deutschland einreisen wollen, an der Grenze zurückgewiesen werden müssen. So will es unser Asylverfahrensrecht, einfach, klar und unmissverständlich. Aber »müssen« heißt in Deutschland noch lange nicht »müssen«. Ein Anruf der Exekutive reicht, um außer Kraft zu setzen, was die Legislative beschlossen hatte. Und was mit der Entscheidung, die schlimmen Zustände in Ungarn ausnahmsweise zum Anlass zu nehmen, eine humanitäre Entscheidung zu treffen, noch Anerkennung finden konnte, wurde ruckzuck zur Dauerregelung, bis heute. Ein völlig neues Verständnis von parlamentarischer Demokratie und Rechtsstaat, die Regierung ist Exekutive und Legislative zugleich. Und wer geglaubt hatte, die Legislative wehrt sich, der wartet bis heute. Eigentlich soll das Parlament ja die Regierung kontrollieren, dafür gibt es eine Menge Instrumente. Kein einziges wurde angewendet, bis heute nicht. Gesetz gemacht, aufgeschrieben, erlassen, fertig. Gesetz außer Kraft gesetzt, ebenfalls fertig. Und dann sagt der Präsident des Deutschen Bundestages, Norbert Lammert, in einem Interview, dass sich »ein beachtlicher Teil der Öffentlichkeit in diesem Parlament im wörtlichen Sinne nicht repräsentiert fühlt«. Wo er recht hat, hat er recht, auch mit der Aussage, dass der Zweck von Wahlen darin besteht, dem Wählerwillen Ausdruck zu verleihen. Zumindest in wichtigen Fragen sollte das auch gelten.

Das Volk – Dümmer, als der Staat erlaubt

Nun kann das Volk ja nicht immer gleich gefragt werden. Schließlich sind das alles ganz komplexe Fragen, die nur die Volksvertreter lösen können. Und die verstehen alle diese Dinge auch als einzige. Die Milliardenhilfen für die griechischen Banken, die unsere Enkel einmal werden bezahlen müssen, Schuldenbremse, die den Staat lähmt, Föderalismusreform, die Chaos schafft, und jetzt die Flüchtlingsfrage. Wie sollen das einfache Bürgerinnen und Bürger auch entscheiden. Die Zuwanderung von Menschen nach Europa, millionenfach nach Deutschland, Wanderungsbewegungen auf der ganzen Welt, viele davon nach wie vor in Richtung Deutschland, völliger Kontrollverlust an der deutschen Grenze über einen langen Zeitraum, eine Schicksalsfrage unserer Gesellschaft ist das längst, nicht nur für Deutschland, sondern für den gesamten europäischen Kontinent. Doch das höchste deutsche Parlament war dann mal weg, als die Regierung ein wichtiges Gesetz vom Tisch fegte. Und ist bis jetzt offenbar noch nicht wieder zurück. Da gab es wohl wichtigere Themen, das Meldegesetz, Samenspenden oder die Kondompflicht für Freier, alle diese Schicksalsfragen und Hunderte mehr, da muss man wohl Prioritäten setzen, die Flüchtlinge waren es nicht. Wenn es nicht Tausende freiwilliger Flüchtlingshelfer gegeben hätte, Organisationen und Einzelpersonen, die spontan und unter Aufbietung aller Kräfte geholfen haben, wenn nicht Polizei, Feuerwehren, Rettungsdienste, Kommunalbeschäftigte und viele andere auch Millionen von Überstunden geleistet und jedes Potenzial an Improvisationsvermögen ausgeschöpft hätten, das öffentliche Leben in Deutschland wäre zusammengebrochen, innere Unruhen, Gewalt und soziale Not hätten das Bild bestimmt. Es hätte der Deutsche Bundestag sein müssen, der in der Sommerpause des letzten Jahres die notwendigen Entscheidungen hätte treffen müssen, er war es nicht. Und er ist es immer noch nicht. Und das ist ein Grund, warum Menschen sich abwenden und nach Alternativen suchen, auch wenn die Angebote keine wirklichen Alternativen, sondern das Ventil für Wut, Enttäuschung und zunehmende Abkehr von einer Politik bedeutet, die sie nicht mehr verstehen und die auch nicht zu verstehen ist.

Schwaches Deutschland – Pippi-Langstrumpf-Politik

Glücklicherweise haben andere Länder dem hilflosen Agieren deutscher Politik nicht länger zusehen können und beispielsweise auf der Balkan-Route Fakten geschaffen. Ein kleines Atemholen für Deutschland, mehr nicht. Aber wie soll es weitergehen? Gewiss, ein Integrationsgesetz haben sie auf den Weg gebracht, na, Donnerwetter. Jetzt wird sanktioniert, wer nicht mitmacht beim Deutschkurs oder Integrationsseminar. Auch das ist das Agieren eines schwachen Staates, der in Wahrheit abgekoppelt von der Lebenswirklichkeit operiert, wieder einmal Pippi-Langstrumpf-Politik, »Ich mach mir die Welt, wie sie mir gefällt!« Abgesehen davon, dass alle diese Schulungen gar nicht geleistet werden können und, abgesehen davon, dass die meisten Sanktionsdrohungen wirkungslos verpuffen werden, sind viele entscheidende Fragen mal wieder unbeantwortet geblieben. Zum Beispiel die, wann das deutsche Parlament sich als Gesetzgeber dazu bequemen wird, die Einhaltung der Gesetze an der deutschen Grenze durch die Exekutive anzumahnen und die Bundesregierung dazu auffordert. Oder die spannende Frage, wer da eigentlich integriert werden soll, vielleicht alle? Wenn ja, warum gibt es dann überhaupt diese vielen Asylverfahren? Und was ist dann mit den abgelehnten Asylbewerbern? Wo halten wir bei denen die Integration an? Gehen diese Menschen wieder – und was, wenn nicht? Wer soll das machen mit den Sprachkursen und Integrationslehrgängen? Wer setzt die Residenzpflichten durch? Was machen wir mit denjenigen, für die die maximale Sanktionshöhe nicht mehr ist als eine Tageseinnahme durch Taschendiebstahl? Wie schützen wir diejenigen, die zu uns gekommen sind, und wie alle anderen?

Wer braucht schon das Volk?

Das Volk kann wirklich nerven. Manche Politikerinnen und Politiker könnten auch ohne gut auskommen. Jedenfalls reagieren sie leicht genervt, wenn sie ihm begegnen. Etwa, wenn verzweifelte Menschen nach einer Flutkatastrophe ihre Existenz verloren haben und dringend Unterstützung brauchen. Da gibt’s dann etwas Geld als Hilfe, sozusagen Steuergeld für Steuerzahler, großzügig und dennoch womöglich doch ein wenig widerwillig verteilt vom jeweiligen Landesfürsten, der eigentlich ganz andere Pläne mit dem Geld hatte. Und wenn die Wählerinnen und Wähler tatsächlich einmal von ihrem demokratischen Recht Gebrauch gemacht und die Zusammensetzung eines Parlaments bestimmt haben, werden notfalls die Regeln geändert, wenn das Ergebnis nicht passt.

Auch in Berlin haben die Bezirke schon darüber nachgedacht, die Verteilung der Stadtratsposten nicht mehr nach altem System der Größe der Fraktionen zu bestimmen. Dann könnte ja eine ungeliebte Partei plötzlich diese demokratischen Spielregeln auch für sich beanspruchen, wie soll das denn gehen? Das tricksen wir dann schon hin. Und auch der Fraktionschef der Grünen im Deutschen Bundestag orakelt angesichts des wahrscheinlichen Einzugs der AfD und der möglichen Übernahme eines Vizepräsidentenpostens, dass man »darüber später reden« würde. Also, liebe Österreicher, so geht Demokratie!

Demokratie im Kreuzfeuer

Zwischen dem Volk und der Politik lasse sich eine zunehmende Entfremdung feststellen, meinte der kluge Alterspräsident Roman Herzog, und dass dafür das Establishment der Alt-Parteien eine große Verantwortung trage, weil sie sich um zu viele Probleme, die die Menschen vor Ort bedrücken, nicht gekümmert hätten. Recht hat er. Und die Folgen sind fatal. Denn der Verlust an Vertrauen, an Respekt und an Wertschätzung für die sogenannten etablierten Parteien wird zusehends eine Belastung für die Demokratie insgesamt. Denn wenn Demokratie aktiv bekämpft wird, ist das mindestens genauso schlimm, wie wenn die Menschen einfach keine Lust mehr auf Demokratie haben, sich abwenden oder nur noch darüber lachen können, weil sie inhaltsleer und arrogant daherkommt.

Es wird immer Menschen geben, die unsere Demokratie verachten und sich für andere Regierungsformen stark machen. Dafür gibt es viele Gründe, Unkenntnis darüber, wie unsere Parteien, Lobbyisten, Verbände und anderen Akteure im politischen Willensbildungsprozess agieren, mangelnde Frustrationstoleranz, wenn man mal unterlegen ist, Bildungsferne und Lebensfrust über die eigene Unfähigkeit, erfolgreich zu sein oder auch nur eine bürgerliche Existenz zu schaffen, die Liste ließe sich fortsetzen.

Aber unsere Demokratie wird nicht nur durch ihre Feinde bedroht. Die sind schon nicht wenige. Alle möglichen Extremisten und Terroristen, die einen wollen einen Führerstaat, die anderen Chaos, wieder andere einen islamistischen Gottesstaat (in dem freilich kein Gott, sondern offensichtlich kranke Sadisten regieren), auch diese Liste ließe sich fortsetzen. Diese Gefahren wehren wir ab mit unserer Verankerung im Wertesystem unserer Verfassung, mit unseren Bildungseinrichtungen, Sicherheitsbehörden und vielen anderen Akteuren, nicht zuletzt Politikerinnen und Politikern.

Es gibt viele fleißige und kluge Politikerinnen und Politiker auf allen Ebenen in Deutschland, die mit großer Kraftanstrengung für unsere Demokratie arbeiten. Ehrenamtliche Mandatsträgerinnen und -träger in unseren Kommunen, die sich nach Feierabend dafür engagieren, die kommunale Selbstverwaltung mit Leben zu erfüllen, Abgeordnete der Landtage, des Deutschen Bundestages und des Europäischen Parlaments, die hoch professionell arbeiten und mit ihren Persönlichkeiten dafür einstehen, dass unsere Demokratie gelebt und geschützt wird. Es dürften mit großem Abstand die meisten Abgeordneten sein. Aber

Achtung und Respekt vor dem Staat und seinen Beschäftigten sind auf dem Rückzug und wer wüsste das besser, als diejenigen, die für den Staat arbeiten.

Bei Polizei, Justiz, Rettungskräften, in den Rathäusern und Krankenhäusern, Finanzbehörden und Ordnungsämtern, in den Arbeitsagenturen und natürlich an unseren Schulen. Hemmungslose Gewalt, tiefe Verachtung und entfesselte Brutalität werden Volkssport. Der Staat wird wahrgenommen als Institution, die zwar dafür gebraucht wird, Transferleistungen ohne großen Widerspruch zu überweisen, aber die Bürgerinnen und Bürger ansonsten gefälligst in Ruhe zu lassen habe. Schon gar nicht muss man Normen und Gesetze akzeptieren, die dieser Staat seiner Bevölkerung vorgibt. Auch daran haben einige wenige Politikerinnen und Politiker einen Anteil. Es gibt nämlich nicht nur »Schwarmintelligenz«, sondern auch eine »Schwarmdummheit«.

Die lächerliche Republik – Der Respekt geht verloren

Wesentlicher Bestandteil des Respekts vor dem Staat und seinen Organen ist die Wahrnehmung von Vorbildfunktion durch seine Repräsentanten. Es stimmt, das fängt bei den Beschäftigten vor Ort an, und deshalb ist es richtig, wenn der Staat von seinen Beschäftigten ein einwandfreies Verhalten verlangt, eines, das dem Ansehen des Amtes angemessen ist, das er zum Beispiel als Beamtin oder als Beamter bekleidet. Aber manchmal hört genau dies eben an den Türen des Parlaments auf. Dann wird es problematisch, dann wird es gefährlich. Denn Feinde der Demokratie kann man in den Griff bekommen, wenn man sich anstrengt. Aber mindestens genauso gefährlich sind diejenigen, die diesen Staat und seine Organe einfach nicht mehr ernst nehmen.

Menschen, denen das Lachen fast im Hals stecken bleibt, bei dem Gedanken, dass höchste Staatsämter auch an Menschen vergeben werden können, die außerhalb des Parlaments als schwer vermittelbare Langzeitarbeitslose gelten würden. Es sind nur Einzelne, aber sie richten eben großen Schaden an. Sie entziehen unseren demokratischen Institutionen die Würde und den Respekt, die sie brauchen, um den Rückhalt für die Demokratie zu bewahren, die sie dringend braucht. Man mag es lustig finden, wenn eine Mandatsträgerin an einem Tag kreischend und aggressiv auf irgendwelchen Gleisen sitzt und die Polizei nervt, am nächsten Tag in den Talkshows greinend ihre Betroffenheit darstellt und dann wieder als Vizepräsidentin des Deutschen Bundestages mit todernster staatsfraulicher Miene die Würde des Parlaments vertreten will. Das ist aber nicht lustig. Es ist einfach nur lächerlich und zutiefst unglaubwürdig. Und sie ist nicht von allein dorthin gekommen, sie wurde gewählt, von Menschen, die ernst genommen werden wollen, in diesem »Hohen Hause«. Und die vermutlich nie an der Spitze einer Demo laufen würden, bei der »Deutschland, du mieses Stück Scheiße« skandiert wird. Und da sitzen ja auch noch andere in diesem »Hohen Hause«. Solche beispielsweise, die von der Polizei erwischt werden, weil sie das mit der Entkriminalisierung in der Drogenpolitik schon mal vorweggenommen haben. Sozusagen als liberale Drogenpolitik der Zukunft. Die natürlich hinterher sofort alle Ämter niederlegen – fast alle. Die mit »Staatsknete« natürlich nicht. Und nach kurzer Zeit schon wieder mit alter Arroganz die Menschen belehren und mit der Attitüde höchster moralischer Instanz beglücken.

Aus dem Kanzleramt kommt auch gleich die Aufforderung, dass man vor diesem Schritt doch bitte Respekt haben möge. Mit Verlaub, Herr Kanzleramtsminister, ich denke nicht daran. Und niemand tut das, der seine Kinder zu einem Leben ohne Drogen erziehen möchte. Meinen

Kindern und Enkeln habe ich immer geraten, sich von solchen Typen fernzuhalten, das wird auch so bleiben. Und es ist keine Politikerhetze, wenn mir Menschen suspekt sind, die zwar wissen, wie der Drogenmarkt funktioniert, aber nie im Leben aktiven Kontakt mit dem Arbeitsmarkt hatten. Die Aufzählung ließe sich fortsetzen und ist traurig genug.

Manchmal stellen sich die Menschen berechtigterweise Fragen nach der persönlichen Qualifikation derjenigen, die in höchste Staatsämter gelangen. Der Vorsitzende einer ehemals großen Partei spricht von »universellen Dilettanten«, die nichts richtig können und von allem ein wenig. Gelegentlich hat man den Eindruck, er meint tatsächlich ernst, was er da sagt. Hoffentlich verbindet er damit nicht die Forderung, selbst ernst genommen zu werden. Dann ist wirklich alles nur Staatstheater, Fiktion, die Würde nur gespielt, das Ansehen nicht mehr wichtig, der Staat nur die Bühne. Es ist Aufgabe der Parteien, dafür zu sorgen, dass dieser Eindruck sich nicht weiter verfestigt. Auch früher gab es hohe politische Verantwortungsträger, die nicht mehr als eine einfache Berufsausbildung hatten. Aber immerhin hatten sie eine. Manche haben als junge Menschen als Schlosser gearbeitet oder als Steinmetz, aber sie hatten mal eine richtige Arbeit. Die Kommunikation in der Gesellschaft der Nachkriegsjahrzehnte war eine andere als heute. Wenn ein Abgeordneter des Deutschen Bundestages irgendwo betrunken auffiel, hat das vielleicht die Bonner Redaktionen oder die des Lokalteils im Wahlkreis dieses Abgeordneten interessiert. Heute ist jede Information in Sekundenschnelle via soziale Netzwerke in alle Welt gepostet. Umso wichtiger ist es, dass die handelnden Personen sich jederzeit ihrer Vorbildfunktion bewusst sind. Die moderne Kommunikationsgesellschaft stellt höhere Anforderungen an diejenigen, die sich im Blickpunkt der Öffentlichkeit befinden. Trotzdem wird heute vom Staatsvolk erwartet, Respekt aufzubringen für Spitzenrepräsentanten, die man früher in Witzen dargestellt hat, mit ihrer »Kreißsaal-Hörsaal-Plenarsaal-Kabinettssaal-Karriere«. Das wurde zu Comedy genutzt, heute gibt's das wirklich und manche haben es nicht mal bis zum Examen geschafft, wurden quasi schon im Hörsaal vom Ruf ins höchste deutsche Parlament überrascht.

Mit einer noch größeren Zersplitterung der Parteienlandschaft, wie wir sie derzeit erleben, nimmt die Qualifikation der Politiker leider nicht zu. Weil sich sowohl »am rechten als auch am linken Rand« des politischen Spektrums Protestbewegungen zu Parteien entwickeln und nach einer Weile mit ihren Vertreterinnen und Vertretern in den Parlamenten sitzen. Solche Beispiele kennen wir ja auch aus der Vergangenheit, glücklicherweise waren sie nie von langer Dauer. Ich würde mir wünschen, dass die politischen Parteien mehr darauf achten, dass ihre Leute auf den Listenplätzen und in den Wahlkreisen auch über die notwendigen Qualifikationen verfügen, sonst gerät Demokratie in Gefahr, weil Respekt und Ansehen zur Demokratie dazugehören. Die Prozesse der Personalauswahl in den Parteien funktionieren eben so, dass man ins Parlament kommt, wenn man beispielsweise in der jeweiligen Jugendorganisation oder anderen Parteiorganisationen den Vorsitz errungen hat. Und wer im Parlament sitzt, ist vielleicht auch irgendwann Ministerin oder Minister, wenn man zur richtigen Zeit an der richtigen Stelle ist. Natürlich ist es schwer, solche eingefahrenen Pfade zu reformieren und lebendiger zu gestalten. Trotzdem bleibt es eine Daueraufgabe unserer Parteien, Menschen zu finden, die eben auch Vorbild sein können. Denn auch das braucht eine Demokratie, wenn sie langfristig weiterentwickelt und gestärkt werden soll. Und von Vorteil wäre es deshalb auch, wenn Mandatsträger wissen, wie unser Rechtsstaat funktioniert und das auch respektieren.

Rechtsstaat als Privateigentum – Politik einfach gemacht

Wenn beispielsweise ein freundlicher und sympathischer Regionalpolitiker aus dem Norden Deutschlands tatsächlich öffentlich mehrfach fordert, dass man für die Beobachtung einer nicht verbotenen Partei den Verfassungsschutz einsetzen soll, lässt mich das sehr daran zweifeln, dass er die Grundsätze einer rechtsstaatlichen Verwaltung kapiert hat. Da geht es nach Recht und Gesetz und nicht danach, ob ein Parteivertreter aus einer Behörde, die an die Prinzipien des Rechtsstaates gebunden ist, seinen privaten Geheimdienst machen will, der irgendwelchen Parteiinteressen dient. Glücklicherweise gibt es kluge und mutige Präsidenten der Verfassungsschutzbehörden, die sich verweigern, wenn Parteipolitiker einen Nachrichtendienst zu ihrer eigenen »Partei-Geheimpolizei« degradieren wollen. Bleibt nur zu hoffen, dass nie jemand die Verantwortung für ein Innenministerium bekommt, der das nicht begreift, denn es wäre eine konkrete Gefahr für den Rechtsstaat, wenn er die Macht über die Besetzung von Spitzenfunktionen bei den Nachrichtendiensten hätte.

Das ist ja seit Jahrzehnten eine der Fehlkonstruktionen unserer Demokratie, dass sogar in den Sicherheitsbehörden politische Beamte jederzeit ohne Angaben von Gründen entlassen werden können. Was wie ein Relikt aus früherer Feudalherrschaft klingt, ist in Wahrheit nichts anderes. Man muss sich das vorstellen: Spitzenämter im öffentlichen Dienst werden ohne Angabe von Gründen entzogen oder vergeben. Das ist einer rechtsstaatlichen Demokratie unwürdig und müsste rasch geändert werden. Die Parteien haben sich die rechtsstaatliche öffentliche Verwaltung zur Beute gemacht und setzen nach Belieben das Spitzenpersonal ein und feuern es wieder. Und obwohl jeder weiß, dass dies verfassungswidrig ist, wie das Bundesverfassungsgericht vor vielen Jahren bereits entschieden hat, wird es weiter praktiziert (mit lobenswerter Ausnahme des Freistaates Bayern). Auch dadurch wird Demokratie beschädigt. Die Staatsführung selbst schert sich nicht um die Einhaltung des Rechts, und diesem Beispiel folgen dann eben immer mehr Menschen. Wenn doch »die da oben« sich nicht an Gesetze halten, warum soll ich das tun? Auch der beste Charakter kann durch schlechte Vorbilder zerstört werden.

Ich sage am besten gar nichts mehr

Die Krise unserer Demokratie zeigt sich auch in der Diskussionskultur, im politischen Meinungsbildungsprozess, der von einer nie gekannten Härte, Ausgrenzung, Diffamierung und Respektlosigkeit gekennzeichnet ist. Rund die Hälfte der Deutschen hat sich Umfragen zufolge beispielsweise aus der Diskussion um das Flüchtlingsthema schon abgemeldet. Sie haben es satt, von den selbst ernannten Gralshütern politischer Korrektheit als Nazis abgestempelt zu werden, weil sie sich erlauben, Besorgnis, Angst oder gar eine andere Meinung als den Mainstream zu formulieren. Das sind Menschen, die vom Recht auf freie Meinungsäußerung schon nicht mehr erreicht werden. Ein kollektiver Freiheitsverlust, der völlig unakzeptabel ist, ein Schaden unserer Demokratie. Und es ist pure Heuchelei, wenn Vertreter des politischen Establishments entsetzt und erstaunt auf Wahlergebnisse starren und angeblich überrascht sind von dem, was Wählerinnen und Wähler entscheiden, wenn sie keine Angst haben müssen, öffentlich gebrandmarkt zu werden.

Wenn wir andere Entscheidungen haben wollen, wenn wir wieder wollen, dass mehr Menschen mitmachen bei der Demokratie, wenn wir die Wahlbeteiligung nicht nur durch Protestparteien nach oben bringen wollen, müssen wir wieder in die Lage kommen, ernsthaft und ohne Aggression, Vorwürfe und Ausgrenzung über alle Fragen unseres Gemeinwesens diskutieren zu können und zwar mit allen Kräften, die an dieser Diskussion teilnehmen wollen.

Ein klassisches Beispiel für unsere politische Auseinandersetzung war die Konkretisierung des Vorschlages, an der Grenze zu Österreich sogenannte Transitzonen einzurichten, um diejenigen dort unterzubringen, die nur eine sehr geringe Bleibeperspektive haben und Deutschland nach Prüfung des Asylantrages wieder verlassen müssen. Dass man zwischen diesen Transitzonen grenzsichernde Maßnahmen wird brauchen müssen, liegt auf der Hand. Aber aus dem »Zaun« erwuchs eine Hysterie der Politik, die einfach nur noch lächerlich war. Innerhalb weniger Tage wurde aus dem harmlosen Begriff »Zaun« ein Komplex aus »Mauer, Stacheldraht, Todesstreifen und Schießbefehl«. Das alles hatte niemand gefordert oder auch nur gedacht, aber darauf kommt es in der deutschen Diskussionskultur der Gegenwart nicht mehr an. Das Ablehnungsmuster ist primitiv aber erfolgreich: Man produziert absurde Bilder, die man dann empört und angewidert zurückweist und sich an der eigenen Empörung moralisch so erhöht, dass niemand mehr darauf achtet, dass man etwas bekämpft, was nie gefordert wurde.

Unlängst kam der Fraktionschef der Grünen im Bundestag zu der profunden Erkenntnis, dass nicht jede Meinung, die man für grundsätzlich falsch halte, auch gleich rechtsradikal sei und dass nicht alle Wähler der AfD Nazis sind. Mit anderen Worten: Es gibt noch Hoffnung auf einen nüchternen Umgang mit Kritikern der Flüchtlingspolitik in Deutschland. Im politischen Dialog wäre dies wichtiger denn je. Und es wäre eine wichtige Voraussetzung, um wieder mehr Menschen einzuladen, an Demokratie teilzunehmen und an Lösungen mitzuarbeiten.

Wozu Ausgrenzung im politischen Dialog führt, machen die sozialen Netzwerke, Internetblogs und manche Kommentarfunktionen von Online-Magazinen vor. Die sprachliche Entgrenzung und Verrohung ist atemberaubend und erschreckend, in der Anonymität des Netzes wird gepöbelt, gehetzt und bedroht, was das Zeug hält, und sogar mit voller Namensnennung posten manche Zeitgenossen sprachliche Entgleisungen, die strafrechtlich von Bedeutung sind. Der Justizminister mahnt zu Recht größere Anstrengungen an, die Welle des Hasses und der Verunglimpfung mit allen rechtsstaatlichen Mitteln zu bekämpfen. Das ist keine Zensur, das ist Kultur und zwar demokratische und rechtsstaatliche Kultur, wie wir sie erhalten und weiterentwickeln sollten.

Demokratie lebt nicht nur von Dialog und Streit, sondern auch von der Unterscheidbarkeit von Auffassungen und Lösungsvorschlägen. Alles das hat gelitten in den vergangenen Jahren, die Menschen blicken immer weniger durch und das ist sehr verständlich. Da bekommt die Fraktionschefin der Linken auf dem Bundesparteitag ihrer Partei eine Schokoladentorte ins Gesicht, und zwar nicht von den braunen Nazis, sondern von den roten, der sogenannten Antifa. Dieselben Typen beschweren sich darüber, dass ich beim Besuch der TAZ auf dem Podium die Torte nicht ins Gesicht bekommen habe, sondern essen durfte, was ich als erheblich angenehmer empfunden habe.

In Berlin-Neukölln protestieren die Bewohner einer links-alternativen Wagenburg gegen die Ansiedlung von Flüchtlingen und werden dabei von Linken, Piraten und Grünen unterstützt (schließlich gilt »Refugees Welcome« nur dann, wenn das weit weg ist, bei eigener Betroffenheit ist die Solidarität rasch zu Ende).

Darf man eigentlich Scheiben zertrümmern, Farbanschläge begehen oder Politiker und ihre Familien belästigen und bedrohen? Natürlich nicht. Obwohl, wenn es gegen die AfD geht, kann man da schon Kompromisse zulassen, meinen viele. Wenn ein Oberbürgermeister darauf hinweist, dass bei ausgeschöpften Kapazitäten für die Unterbringung von Flüchtlingen in seiner Stadt, die Qualität der Unterbringung nachlassen oder die Zahl der weiterhin zugewiesenen Menschen abgesenkt werden müsse, weist der kluge Mann auf mathematische Gesetzmäßigkeiten hin. Und riskiert damit, aus seiner Partei rauszufliegen. Die Anwendung des gesunden Menschenverstandes kann in diesen verrückten Zeiten schon zu Parteiausschlussverfahren führen.

Denkt das Volk falsch?

Wie ernst nimmt Politik, was die Bevölkerung umtreibt und fühlt? Wie reagieren Regierungen und Parlamente auf die Ängste der Menschen? »Die Zahl der Verbrechen nimmt zu«, meinen immerhin 69 Prozent, das waren vor zehn Jahren noch 47 Prozent. Im gleichen Zeitraum wurde weiter Personal abgebaut, das Material veraltete, genauso wie die Belegschaft der Polizei, nennenswerte Fortschritte in der Zusammenarbeit oder auch nur in der Schaffung einer vernünftigen IT-Infrastruktur – Fehlanzeige. Es interessiert in Wahrheit nicht, was die Bevölkerung denkt und fühlt, gehandelt wird erst, wenn es gar nicht anders geht, wenn es geknallt hat, geschossen und gestorben wurde. Stattdessen immer wieder der Hinweis auf die Kriminalitätsstatistik, von der alle Fachleute wissen, dass sie zur Beschreibung der tatsächlich stattfindenden Kriminalität nicht geeignet ist.

Sind die jetzt geschaffenen neuen Planstellen, beispielsweise bei der Bundespolizei, das Ergebnis des Wunsches der Bevölkerung nach mehr Polizistinnen und Polizisten, der seit 2006 bis heute von 74 auf 92 Prozent angewachsen ist? Keineswegs, das hat in Wahrheit niemanden interessiert. Erst brauchte es Terroranschläge und Flüchtlingskrise, bis sich etwas bewegte. Und in den meisten Ländern tut sich immer noch nichts. Und wie ist das mit den »No-go-Areas« in unseren Städten? Natürlich darf es die für die Polizei nicht geben. Tut es auch nicht, mit genügend Kräften gehen wir überall hin. Aber für viele Bürgerinnen und Bürger in Deutschland gibt es sie schon. Aus Sorge, Opfer von Kriminalität und anderen Übergriffen zu werden, meiden 56 Prozent der Frauen und immerhin 30 Prozent der Männer bestimmte Gebiete in ihrem sozialen Umfeld.

Natürlich bilden solche Untersuchungen, wie hier vom Institut für Demoskopie Allensbach, nicht die exakte Meinung der Bevölkerung ab. Aber wichtige Indizien sind sie durchaus und Impulse für politisches Handeln sollten sie geben. Zumal die Deutschen bei den strittigen Themen wie Bewaffnung der Bevölkerung, Bildung von Bürgerwehren oder gar die Einführung der Todesstrafe ausgesprochen besonnen und zurückhaltend reagieren, nur sehr wenige wollen solchen Unsinn. Aber wenn 81 Prozent eine Erleichterung der Abschiebung von Asylbewerbern fordern, die auch nur im Verdacht stehen, an einer Straftat beteiligt zu sein, darf der Gesetzgeber nicht in öffentlicher Schelte und Zuweisung von Verantwortung und Zuständigkeiten verharren, sondern muss handeln. Erkennbar ist das nicht, im Gegenteil. Umfragen sind keine Wahlen und ihre Ergebnisse dürfen für Politikerinnen und Politiker nicht allein handlungsleitend sein. Aber hinhören muss man schon.

Das Ende der Parteien – Beliebigkeit regiert

»Dem Volk aufs Maul schauen, aber nicht nach dem Mund reden«, war eine der Regeln, nach denen der legendäre bayerische Ministerpräsident Franz Josef Strauß in der Politik agierte. Heraus kamen Erkennbarkeit, klare Kante in den Stellungnahmen, große Mehrheiten bei Wahlen. Da gab es auch keine abenteuerlichen Konstellationen wie heute. Was sich da an Bündnissen abzeichnet, hat nichts mit demokratischer Kultur zu tun, es ist reiner Machterhalt. Claudia Roth als Bundesinnenministerin? Sarah Wagenknecht als Wirtschaftsministerin? Volker Beck ins Kanzleramt? Und das alles unter einer CDU/CSU-geführten Bundesregierung? Ich würde keinen Cent gegen alle diese Möglichkeiten setzen. Es ist die Vermischung aller Parteien zu einer Riesenkoalition, die es nicht mehr nötig hat, den Willen des Volkes überhaupt noch zu registrieren, geschweige denn, danach zu handeln.

Wenn die Menschen das Gefühl haben, dass es völlig einerlei ist, wem man seine Stimme gibt, weil alles ohnehin so weitergeht, fühlen sie sich eben nicht eingeladen, sondern veralbert und verhöhnt von denjenigen, die sich zu den abenteuerlichsten Bündnissen zusammenfinden, die bis vor Kurzem niemand für möglich gehalten hatte. Dann wenden sie sich ab, machen nicht mehr mit, es sei denn, sie drücken mit ihren Proteststimmen ihren Unmut über die Entwicklung aus.

Das Gefühl absoluter Machtlosigkeit und Ohnmacht des Volkes gegenüber der Berufspolitik ist kein Segen für die Demokratie, es kann ihr Ende sein. Es gibt keine zeitgeschichtliche Notwendigkeit für den Verfall der Bindungswirkung unserer Parteien. Sie sind selbst schuld. Meinungsbildung muss von unten nach oben funktionieren. Was wir derzeit erleben, ist keine Meinungsbildung, sondern Belehrung, Ignoranz und Arroganz. Und das machen die Bürgerinnen und Bürger in unserer Demokratie nicht mit, und sie haben recht. Sie sind nämlich keine Kunden, die eine Dienstleistung kaufen wollen, sondern Träger von Grundrechten, die unsere Verfassung garantiert. Sie sind keine dummen Schafe, die gefälligst Respekt vor anderen haben müssen, nur weil sie in gesellschaftliche Positionen gelangt sind. Respekt muss man zunächst nur vor den Ämtern selbst haben, die Personen, die sie bekleiden, müssen sich den erst einmal verdienen. Und wenn die Deutschen ihren Bundespräsidenten selber wählen wollen, sollten sie es tun dürfen. Sonst wird es um die Herrschenden in unserem Land über kurz oder lang ziemlich einsam werden.

Kapitel 4

Schlag den Staat – Verrohung, Verachtung und Gewalt

Gewalt gegen die Polizei ist nichts Neues, es hat sie immer gegeben. Die guten alten Zeiten waren in Wahrheit alles andere als gut. Auch in den Nachkriegsjahrzehnten der Republik mussten sich Streifenpolizisten mit wütenden Randalierern herumschlagen und wurden dabei verletzt. Oder mit betrunkenen Ehemännern, die nicht einsehen wollten, dass junge Polizeimeister es ihnen verbieten, »ihre Ehefrau« weiter zu verprügeln. Und auch den Einsatzhundertschaften ging es nicht besser. Brokdorf, Grohnde, Wackersdorf, Gorleben sind nur einige Schlagworte für wüste Schlachten um Hausbesetzungen, Kernkraft oder Frieden. Es waren Kraftproben mit der Polizei, bei der die Fetzen flogen, mit allem zugeschlagen wurde, was greifbar war, und nicht nur das. Unvergessen die beiden getöteten und sieben verletzten Polizisten an der Frankfurter Startbahn West, die 1987 aus der Menge gewalttätiger Chaoten heraus erschossen wurden, und nicht zuletzt die Opfer des RAF-Terrors, der sich zwar in der Hauptsache gegen die Repräsentanten des Staates richtete, aber immer wieder mit tödlichen Folgen für Zivilbeschäftigte und Polizisten endete.

Heute ist die Gewalt gegen die Polizei allgegenwärtig und alltäglich. Und sie ist anders geworden, bürgerlicher und umfassender. Sie richtet sich nicht nur gegen die Polizei, es ist Gewalt gegen den Staat, die sich Tag für Tag abspielt. Beleidigungen, Randale, Treten, Spucken, Prügeln und Pöbeln gehören zum festen Programm öffentlich Beschäftigter in Rathäusern, Arbeitsagenturen, Finanzämtern, Krankenhäusern, Schulen, Kitas, und im Straßenverkehrsamt genauso wie im Bürgeramt – Justizbeschäftigte werden sogar in öffentlichen Gerichtsverhandlungen offen angepöbelt und bedroht. Es wird mit Büromöbeln und Schreibtischausstattungen geworfen, die Fäuste fliegen und die Beleidigungen sind ruckzuck unter der Gürtellinie. Von bestimmten Tätergruppen sind mangelnder Respekt, Beleidigungen mit sexuellem Inhalt und natürlich auch körperliche Attacken gerade auf weibliche Einsatzkräfte ein seit Jahren beobachtetes Phänomen, das weiter wächst. Männer mit arabischer Herkunft, die zu Hause den Umgang mit Frauen nur nach Mustern aus längst vergangenen Zeiten gelernt haben, sind besonders auffällig. Es ist schwer für die Frauen von Polizei und anderen Behörden, aber einen Rückzug darf und wird es nicht geben, das muss diesen Machos immer wieder deutlich gemacht werden.

Es gibt richtigerweise umfangreiche Konzepte zum Schutz von Beschäftigten, die in etlichen Kommunen und Gerichtsgebäuden bereits greifen, veränderte Ausstattungen, Sensibilisierungstrainings und Selbstschutzkurse, Notrufeinrichtungen und verbesserte Fluchtwege. In einigen Ländern wird der Rechtsschutz für Beschäftigte verbessert, es gibt Kampagnen zur Aufklärung und Gewaltprävention. Die Gewalt steigt trotzdem, auch auf Gerichtsvollzieher, die häufig im problematischen sozialen Umfeld alleine unterwegs sind. Wem die Entscheidungen staatlich eingesetzter Verantwortungsträger nicht passen, geht auf die Barrikaden, und von der verbalen Gewalt ist dann der Schritt zur Tätlichkeit nicht weit.

Dass sich der Respekt bei vielen »Leistungsempfängern« mittlerweile auf dem Nullniveau bewegt, spüren die Beschäftigten täglich; der Staat hat mir alles zu geben, aber nichts zu sagen, das ist vorherrschende Auffassung derjenigen, die zügig einen für sie positiven Leistungsbescheid mitnehmen wollen, aber keinen Pfifferling darauf geben, dass das alles nach Recht und Gesetz gehen muss. Und dass diejenigen, die den Bescheid erlassen, die Gesetze nicht gemacht haben. Der Staat verhält sich passiv, er wehrt sich nicht. Auch wer Beschäftigte einer Leistungsbehörde oder Agentur attackiert, darf im Ergebnis damit rechnen, nicht leer auszugehen und Steuergeld für sich mit nach Hause zu nehmen.

Ein Sonderfall der besonders perversen und skrupellosen Gewalt aus dem linksextremistischen Lager der »Antifa« sind die Angriffe auf Kräfte der Feuerwehr und anderer Rettungsdienste. Während diese mutigen Frauen und Männer, die häufig sogar ehrenamtlich im Einsatz sind, versuchen, Leben und bedeutende Sachwerte zu retten, werden sie plötzlich hinterhältig brutal attackiert und nicht nur an ihrer Arbeit gehindert, sondern gezielt angegriffen und verletzt. Der blindwütige Angriff gilt dem Staat. Auf den einschlägigen Internetforen brüsten sich dann die linken »Idioten« mit ihren Heldentaten, als ob es dazu Mut bräuchte, was sie da treiben. Neuerdings richten sich Brandanschläge gegen Normalbürger, die sich erlauben, eine neue Wohnung in der Berliner Innenstadt zu kaufen, die sich linke Krawallmacher nie leisten könnten. Ohne Bildung und Arbeit kann man eben nur in verwahrlosten besetzten Immobilien hausen, und das macht wütend.

Die ganze Wucht der Gewalt bekommen unsere Hundertschaften zu spüren, wenn sie bei Fußballeinsätzen am Wochenende ihre Köpfe hinhalten müssen, damit sich angetrunkene Gewalttäter austoben können, die sich Fans nennen. Oder immer wieder die sogenannte Antifa aus dem Kreis der »Gegendemonstranten«, die dann zur Stelle sind, wenn es darum geht, auch die kleinste Kundgebung irgendwelcher rechter Spinner durch möglichst hohe Öffentlichkeit aufzuwerten. Häufig müssen die Einsatzkräfte erleben, wie militante Verbrecher im Schutz »unbeteiligter friedlicher Demonstranten« mit Steinwürfen auf Einsatzkräfte ihrer besonderen demokratischen Gesinnung Ausdruck verleihen. Wenn es in Deutschland »gegen Rechts« geht, ist in den Augen vieler Menschen nämlich alles erlaubt, auch wenn im Ergebnis verletzte Polizistinnen und Polizisten auf der Straße liegen. Und es hat schon etwas Zynisches, wenn eine Veranstaltung, wie der Polizeieinsatz beim 1. Mai 2016, bei der nur eine halbe Hundertschaft verletzt wurde, sogar von politisch Verantwortlichen als »friedlich« bezeichnet wird.

Besonders gefährlich leben Streifenpolizistinnen und Polizisten im täglichen Dienst. Dort werden mehr als 80 Prozent aller Gewaltdelikte gegen die Polizei begangen. Urplötzlich stehen sie gewalttätigen Horden von dreißig Männern und mehr gegenüber, obwohl sie lediglich ein Strafmandat verhängen oder eine Verkehrskontrolle vornehmen wollten. Die Angriffe erfolgen gezielt, brutal und gemeinsam, Hemmungen gibt es keine. Sobald die Polizei sichtbar wird, sei es auch nur ein einzelner Streifenwagen oder eine Fußstreife, verbünden sich sogar bislang verfeindete Gruppen, um gemeinsam loszuschlagen, zu treten, zu verletzen und auch Gewalt anzuwenden, die tödlich wirken könnte. Fast 3 000 Beschäftigte der Berliner Polizei wurden im vergangenen Jahr verletzt, mehr als zehn Angriffe am Tag nur in der Hauptstadt, bundesweit sieht es nicht besser aus. In Niedersachsen 1 081 Fälle, zum Vergleich: 2011 waren es noch 538 verletzte Polizistinnen und Polizisten. Die Schläger kriegen meist Bewährung, lachen über Justiz, Polizei und Staat – ich habe diese Problematik bereits angesprochen – und fühlen sich ermutigt und bestätigt.

Mehr als 62 000 Angriffe auf Polizistinnen und Polizisten im vergangenen Jahr in ganz Deutschland, Tendenz weiter steigend. Wer gegen einen Polizisten vorgeht, ist meistens männlich, deutsch, der Polizei bekannt und in der Regel vollgedröhnt mit Alkohol oder Drogen. Deshalb ist das Strafgesetzbuch ein schwacher Gegner, wenn überhaupt. Wer zugekifft auf Einsatzkräfte losgeht, wird vorher die Strafandrohung nicht studiert haben. Und natürlich ist allgemein bekannt, dass die Gerichte Milde walten lassen, denn vor Gericht sind die Täter meist feige und devot, spielen den reuevollen Sünder, der nur einmal ausgerastet ist, und Gerichte verzeihen ihm denn auch ganz rasch.

Der Gesetzgeber sucht seit Jahren nach der richtigen Strategie im Kampf gegen die Gewalt. Innenminister Thomas de Maizière hat das Thema immer wieder auf die Tagesordnung gesetzt und unterstützt die Länder mit der Bereitschaftspolizei des Bundes seit Jahren. Aber wenn in den Ländern der Kahlschlag regiert, werden in diesen Zeiten die Schwächen noch deutlicher, die Gefahren größer. Denn nicht jedes Land kann starke Einheiten aufstellen und dem beginnenden Straßenkampf bewaffneter Gewalttäter entgegentreten. Der Hass auf den Staat wächst, die Gewalt nimmt zu und der Haushaltsgesetzgeber freut sich über die schwarze Null. Das ist die Realität, auf dem Rücken der Polizei und ihrer Familien, die unter der Sorge, dem Druck und den Verletzungen leiden.

Mit Stärke gegen die Gewalt – Lösungen gesucht

Wenn das Strafgesetzbuch nicht hilft und die Gerichte versagen, muss der Gesetzgeber handeln, um den Staat und seine Beschäftigten vor Gewalt zu schützen. Mindesthaftstrafen wären ein klares Votum und ein richtiges. Dann gibt es keine Bewährung, keinen Schmusekurs vor dem Gericht, kein verständnisvolles Salbadern über günstige Zukunftsaussichten mehr, wer öffentlich Beschäftigte vorsätzlich angreift und verletzt, kommt dahin, wo er hingehört, hinter Schloss und Riegel. Es ist Aufgabe und Pflicht der Politik, deutlich zu machen, dass es keine Bagatelle ist, gegen den Staat gewaltsam vorzugehen und seine Beschäftigten zu attackieren. Und auch dies ist notwendig: Modernste Ausstattung zum Schutz von Polizistinnen und Polizisten im Einsatz. Und da gibt es jede Menge zu tun, und zwar rasch. Und auch das kostet wieder Geld, aber es ist eine sinnvolle Investition in Sicherheit von Menschen und einen Staat, der sich durchsetzt.

Bei Großereignissen hat die Polizei mittlerweile ein hervorragendes Distanzmittel, Wasserwerfer neuesten Typs, mit hoch qualifizierten Spezialisten an Bord, die sehr gezielt, dosiert, aber auch angemessen die unterschiedlichsten Einsatzmöglichkeiten dieses modernen Einsatzgerätes nutzen. Mehr Distanzmittel gegen Chaoten, die mit Steinen werfen und dann wieder in der Menge verschwinden, gibt es nicht; Pfefferspray kann nur bei geringerer Distanz eingesetzt werden, keine Chance bei dreißig bis fünfzig Metern, in der die Täter agieren.

Immer wenn es schlimme Exzesse gegeben hat, mit Hunderten verletzten Polizistinnen und Polizisten, kommt das Thema auf die Tagesordnung der Innenminister. Dann wird von dort der Auftrag erteilt, Forschung zu betreiben oder auf dem Ausrüstungsmarkt nach geeigneten Distanzmitteln Ausschau zu halten. Seit dreißig Jahren ist das nun so, entschieden wurde bislang nichts. Hier könnte das Strafgesetzbuch weiterhelfen, wenn man nur den Mut hätte, auch diejenigen zu bestrafen, die eine »Schutzmauer« um zurückweichende Demo-Verbrecher bilden, wenn sie Steine, Waffen oder andere Gegenstände auf die Polizeikräfte geschleudert haben. Auch diese Diskussion dauert dreißig

Jahre lang an, passiert ist nichts, die Rituale bleiben. Die Entscheider sagen nicht einmal, dass sie nichts tun wollen, sie tun einfach nichts.

Distanzmittel wären auch für die Besatzungen unserer Streifenwagen hilfreich und dringend notwendig. Noch immer gibt es eine Lücke zwischen der Schusswaffe und dem viel zu kurzen Einsatzmehrzweckstock. Pfefferspray hilft oft nicht, denn in der klassischen Angriffssituation mit Messer, Beil, Schwert oder anderen lebensgefährlichen Waffen wirkt es nicht oder unzureichend. Die Lebensgefahr für die Einsatzkräfte bleibt, wenn der Täter weiter agieren kann. Ein Einsatzmittel gibt es, aber es tut weh. Und man kann sich verletzen. Und weil man dem Täter nicht wehtun und ihn auch keinem Verletzungsrisiko aussetzen will, wird er getötet. Das ist die Logik deutscher Politiker, die partout nicht einsehen wollen, dass ein Elektroimpulsgerät zwar ein paar Sekunden lang Schmerzen verursacht und den Angreifer auch in die Gefahr bringt, sich beim Hinfallen eine Beule am Kopf zu holen, aber ihn eben am Leben bleiben lässt. Da ziehen unsere Innenpolitiker nicht mit. Deshalb müssen Streifenpolizistinnen und -polizisten weiter im krassesten Fall die Angreifer töten. Ist zwar absolut verrückt, aber Lebenswirklichkeit in Deutschland. Das ist nicht nur tödlich für den Angreifer, sondern auch enorm belastend und manchmal traumatisierend für Polizistinnen oder Polizisten, die den tödlichen Schuss abgeben mussten. Ich kenne nur einen einzigen Innenminister, nämlich den Berliner Innensenator Frank Henkel, der sich persönlich davon überzeugt hat, wie so ein Elektroimpulsgerät funktioniert. Der hat Ahnung davon. Alle anderen erkundigen sich bei ihren »Beratern« und »Fachleuten«. Deren absurde Einwände sollen hier gar nicht aufgelistet werden, nur dieser eine, weil es einer der kuriosesten ist: Der Sprecher eines Innenministeriums lehnt den Einsatz des Elektroimpulsgerätes im Streifendienst ab, weil es so personalintensiv sei. Denn nach dem

Einsatz des Gerätes durch eine Einsatzkraft würden drei weitere benötigt, um den Angreifer zu fesseln. Da will man gar nicht wissen, wie viele Beamte dieser Mann benötigt, um einen Kugelschreiber in Gang zu setzen.

Es wird also vorerst vermutlich dabei bleiben, dass unsere Spezialkommandos selbstverständlich erfolgreich damit arbeiten. Während die Streifenwagenbesatzungen weiter töten müssen. Aber ganz bestimmt verletzen sie den Angreifer dabei nicht und tun ihm auch nicht weh. Er ist halt nur tot hinterher.

Auch gegen Auseinandersetzungen mit terroristischen Attentätern soll die Polizei besser ausgestattet werden. Da geht es in den Ländern natürlich wieder sehr unterschiedlich zu. Hoffentlich wissen die Terroristen, wo die Polizei wenigstens minimale Chancen hat, ein echter Gegner zu werden – oder wo sie mit Schirmmütze und VW-Bus gegen kampferprobte Terroristen mit Kriegswaffen antreten soll. Und hoffentlich warten sie mit Anschlägen auch so lange, bis die Fristen und genauen Vorschriften für die Beschaffungsvorhaben und Ausschreibungen erfüllt sind. Denn schnelle Auftragsvergaben ohne Ausschreibungen gibt es nur in dringenden Fällen. Etwa, wenn ein Regierungschef von einer Unternehmensberatung unterstützt werden muss.

Steinbruch Polizei – Schwarze Null und dunkle Zukunft

Was würde ein kluger Unternehmer tun, dessen Firma einen jahrzehntelangen steigenden Auftragseingang hinter sich und weitere drastische Auftragssteigerungen zu erwarten hat? Wie würde er sich verhalten, wenn sich für sein Unternehmen stetig neue Entwicklungsmöglichkeiten und Absatzmärkte erschließen und er recht zuverlässig darauf bauen dürfte, dass das so weitergeht? Richtig, er würde investieren, in zusätzliches, qualifiziertes Personal und moderne Technik, er würde seine Beschäftigten weiterbilden, damit sie mit neuen Anforderungen fertig werden, er würde die Infrastruktur des Unternehmens modernisieren und so effektiv wie möglich gestalten, und ganz sicher würde er auf einem knapper werdenden Bewerbermarkt dafür sorgen, dass seine Beschäftigten auch durch gute Bezahlung und Anerkennung motiviert bleiben und sich dem Unternehmen verbunden fühlen.

Die Polizei kann man mit einem solchen Unternehmen gut vergleichen. Die Auftragslage steigt ständig, neue Aufgaben wachsen heran, die Arbeit wird komplizierter, anspruchsvoller und gefährlicher. Aber die öffentlichen Arbeitgeber sind keine klugen Unternehmer. Sie sind das Gegenteil. Der boomenden Auftragslage in der Inneren Sicherheit sind sie mit Personalabbau begegnet, sie haben Geräte und Anlagen veralten und teilweise verrotten lassen, sie haben mit Einkommenskürzungen und öffentlicher Beschimpfung auf der Motivation und mit dramatischer Arbeitsverdichtung einer älter werdenden Belegschaft auf der Gesundheit der Beschäftigten herumgetrampelt. Sie haben die Polizei und alle anderen Sicherheitsbehörden geschwächt, ihre Beschäftigten gedemütigt und vernachlässigt, ihre Strukturen und Arbeitsmittel veralten lassen.

Auch hier gilt: Es gibt kein Pauschalurteil. Es gab auch in der Vergangenheit punktuell das erkennbare Bemühen, die Entwicklungen nicht völlig aus dem Ruder laufen zu lassen. Aber wer die Sicherheit und den inneren Frieden in Deutschland im Blick hat, darf sich nicht nur darauf beschränken, einzelne Leuchttürme zu bejubeln, sondern muss den Blick auf die nahezu flächendeckenden Defizite und Versäumnisse richten. Und davon gibt es eine ganze Menge. Im Moment gehen die Uhren anders. Nahezu alle Parteien wollen mehr Polizei. Es herrscht

Panik vor jedem Wahltermin. Unsere Damen und Herren Mandatsträger spüren die Gefahr, in die sie unser Land geführt haben. Und jetzt wollen sie Applaus dafür, dass sie es wieder herausführen wollen.

Beispiel Hauptstadt. Mit todernstem Gesicht und staatstragender Miene verkündet der Regierende Bürgermeister, dass man jetzt mehr Personal braucht. Und der Fraktionssprecher seiner Partei fügt genauso ernst hinzu, dass man Polizistinnen und Polizisten nicht einfach einstellen, sondern sorgfältig auswählen und dann einige Jahre lang ausbilden muss. Donnerwetter, da ist ja in den vergangenen zwanzig Jahren ein richtig kluger Gedanke gereift. In der Bundespolizei nicht besser: Erst wird sie jahrelang mit neuen Aufgaben zugeschaufelt, Millionen Überstunden wachsen an, Tendenz massiv steigend. Die Stärke in etlichen Dienststellen wird dramatisch heruntergeschraubt, teilweise werden sie ganz geschlossen. Seit Jahren ein Personalfehl von rund 3 000 Stellen. Und jetzt: trara! 3 000 neue Stellen beschlossen. Und weil jeder weiß, dass das lange nicht reichen wird, überbieten sich die Parteien in Forderungen nach weiteren Verbesserungen.

Auch in anderen Ländern schrauben sich die Einstellungszahlen hoch, der Bewerbermarkt ist heiß umkämpft. Neueste Erkenntnis: Die Innere Sicherheit braucht mehr Polizei, wir müssen mehr Leute einstellen. Das klang fast 25 Jahre lang anders, übrigens aus denselben Parteien. Dabei hat es durchaus den Versuch gegeben, aus der Polizei eine Art Unternehmen zu machen. In den späten Neunzigerjahren haben sich viele Verantwortungsträger viel Mühe damit gegeben, die Polizei mit Hilfe moderner Unternehmenskonzepte an den Rand der Handlungsfähigkeit zu führen. Vor allem in einem großen westdeutschen Land konnte man seinerzeit völlig ohne Bürger- oder gar Täterkontakt eine glänzende Polizeikarriere machen, wenn man nur fit war in Steuerung durch Kennzahlen, Führung mit Zielvereinbarungen, Qualitätsmanagement und Leitsätzen – die Polizei wurde zum Dienstleister wie ein Caterer oder ein Reinigungsunternehmen, die Polizeiarbeit zum Produkt, Menschen, die Schutz und Hilfe bei der Polizei suchten, waren plötzlich nicht mehr Träger von Grundrechten mit berechtigten Ansprüchen an den Staat, sondern schlicht Kunden. Millionen Arbeitsstunden wurden verplempert, um solcherlei unsinnigen Konzepten zu folgen, die doch nur ein Ziel hatten: Personalabbau und Reduzierung von Kosten.

Anderswo in Deutschland verfolgten die politisch Verantwortlichen das gleiche Ziel, waren aber weit weniger kreativ. In einem kleinen östlichen Bundesland erläuterte der Präsident des Landesrechnungshofes als »Experte« für den Innenminister drastische Personalabbaupläne. Aus weit mehr als 7000 Beamtinnen und Beamten sollte die Zahl auf deutlich unter 5000 sinken. Die Begründung lautete kurz gesagt: Viele Menschen verlassen unser Land, der Rest der Bevölkerung wird immer älter, die brauchen nicht mehr so viel Polizei. Eine echte sicherheitspolitische Zirkusnummer, die andere Länder in Ostdeutschland sofort nachahmten. Nicht überliefert ist aus dieser Zeit, dass mit der schrumpfenden Bevölkerungszahl auch die Zahl der Mandate in den Parlamenten abnehmen sollte. Auf Polizistinnen und Polizisten konnte man getrost verzichten, auf Mandate selbstverständlich nicht. Das Ergebnis dieser Sparorgien ist bekannt. Mehr als 17 000 Planstellen fielen den kurzsichtigen Aktionen zum Opfer, jahrelang sanken die Einstellungszahlen auf ein nie gekanntes Minimum, ganze Jahrgänge fehlten und fehlen bis heute, wertvolle Ausbildungskapazitäten wurden sinnlos zerschlagen und müssen jetzt mühsam wieder aufgebaut werden. Nie in der Nachkriegszeit wurde die Polizei in einer vergleichbaren Weise geschwächt.

Auch die sächliche Ausstattung wurde regelrecht kaputtgespart. In der Hauptstadt Berlin wird in der Belegschaft der Polizei der bittere Witz kolportiert, dass das Schießtraining der Einsatzkräfte demnächst an der Schießbude auf dem Rummelplatz absolviert wird. Die Schießstände verrottet, vergiftet, geschlossen – kein Ersatz in Sicht. Für eine moderne Ausstattung der Berliner Polizei fehlen 600 Millionen Euro, bewilligt wurden sieben Millionen. Da braucht man keinen Mathe-Leistungskurs, das kann also dauern, bis die Hauptstadt wieder fit ist. Und wenn einmal Mittel bewilligt werden, um die Hauptstadtpolizei in eine mögliche direkte Auseinandersetzung mit schwer bewaffneten Terroristen zu schicken, vergehen Monate, bis erst einmal die Ausschreibung für einen solchen Auftrag formuliert ist. Hoffen wir, dass die Terroristen sich auch an diese Fristen halten. Nicht besser dran ist unsere Bereitschaftspolizei, da drohen schon in wenigen Jahren große »Fähigkeitslücken«, mit anderen Worten: Die Ausrüstung kaputt, veraltet und nicht mehr zu gebrauchen. Wenn die Hundertschaften dann mit der U-Bahn zur Demo oder zum Staatsbesuch fahren, werden vermutlich wieder todernst dreinblickende Sicherheitspolitiker verkünden, dass man doch jetzt den Fuhrpark erneuern müsse. Bravo!

Das alles gilt ja nicht nur für die Polizei. Angesichts der deutschen Wiedervereinigung hatten deutsche Politiker geglaubt, dass nunmehr die Zeiten des ewigen Friedens, der Völkerverständigung, der Demokratie und der Freiheit anbrechen würden. Und dass selbstverständlich alle Länder auf der Welt dem deutschen Beispiel folgen und sich zu demokratischen Staaten westlicher Prägung entwickeln würden. Und wo so viel Frieden herrscht und die Menschen nur noch damit beschäftigt sind, ihren Wohlstand zu mehren und zu genießen, da braucht es nicht viel Staat. Da kommt man ohne tragfähige Strukturen aus, mit weniger Personal in den Rathäusern, Schulen, Kitas und vielen anderen Behörden und staatlichen Einrichtungen. Dabei hätte schon das Studium der Tageszeitungen sie eines Besseren belehrt. Notfalls hätten auch die Berichte der eigenen oder fremden Nachrichtendienste weitergeholfen, um zu wissen, dass sich beispielsweise in den nordafrikanischen Ländern keine Demokratien nach deutschem oder europäischem Vorbild entwickeln würden. Dass eine Gesellschaft wie Deutschland stabile staatliche Strukturen braucht, ist eigentlich eine Binsenweisheit. Eine komplizierter und schneller werdende Welt braucht Verankerung, Sicherheit und auch Handlungsfähigkeit derjenigen, die für den Schutz der Menschen da sind. Nur Aufgabenzuwachs reicht nicht.

Von Cyberkriminalität hat in den Neunzigerjahren in der Polizei kaum jemand gesprochen, heute geht es im Internet das Strafgesetzbuch rauf und runter. Und natürlich wurde die Bereitschaftspolizei auch damals schon zu Fußballeinsätzen geschickt. Aber heute sind über 30 Prozent im Einsatz, die Millionengrenze der Dienststunden ist seit etlichen Jahren überschritten und steigt weiter. Der zunehmende Reise- und Transitverkehr in Deutschland stellt völlig neue Herausforderungen an die Polizei, wenn nicht die Verkehrsunfallzahlen ins Unermessliche steigen sollten, viele andere neue Aufgaben kamen hinzu, etwa Bahn- und Luftsicherheit für die Bundespolizei, grenzpolizeiliche Aufgaben zusätzlich in Bayern, Auslandseinsätze überall auf der Welt, die Liste ließe sich sowohl für die Bundespolizei als auch für die in den Ländern lange fortsetzen.

Mit der Globalisierung von Handel und Kommunikation etablierte sich selbstverständlich auch das organisierte Verbrechen weltweit. Nachrichten, Gelder und Informationen werden seit Jahren in Sekundenbruchteilen um den Erdball geschickt, terroristische Banden überall auf der Welt warten nur darauf, die demokratischen Gesellschaften zu destabilisieren und ihre Werte zu zerstören. Das wären alles für sich schon genügend Anlässe gewesen, zu Jahrtausendbeginn die Trendwende einzuleiten und den Staat und die Sicherheitsbehörden zu stärken. Aber die Sparkommissare regierten weiter.

Die Reaktionen der Politik sind mittlerweile zum Angstwort innerhalb der Polizei geworden: Reformen. Wann immer ein Ministerwechsel vollzogen, ein spektakuläres Verbrechen verübt oder die Entwicklungen drastisch aus dem Ruder gelaufen waren, wird die Organisation der Polizei verändert, der Mangel neu verteilt. Das Prinzip ist einfach, schon mit der Ankündigung der Reform wird jede Menge Zeit gewonnen, die Medien vorbereitet und darüber aufgeklärt, dass jetzt alles besser wird. Dann kommt ein Arbeitskreis, ein Gutachten und los geht's. Im Ergebnis sind Dienststellen verkleinert oder ganz geschlossen, der ländliche Bereich zur weitgehend polizeifreien Zone gemacht und die Polizei selbst über Monate gelähmt, frustriert und verunsichert.

Die Beruhigungspille der politischen Führung gegenüber der Öffentlichkeit ist immer die gleiche: Durch die Reform wird die Präsenz der Polizei erhöht, ihre Schlagkraft verstärkt. Es gibt keine einzige Reform, bei der das in der Vergangenheit funktioniert hat. Aber das Warten darauf verspricht weiteren Zeitgewinn: Jetzt müssen die Reformen wirken. Das kann schließlich dauern. Und wenn sich der Erfolg partout nicht einstellen will, kommen Wahlen und Ministerwechsel. Solche Organisationsänderungen sind der immer neue Versuch, die Sicherheit zu erhöhen, ohne Geld auszugeben. Die Bevölkerung spürt das und glaubt die vollmundigen Ankündigungen längst nicht mehr. Die Angst wächst.

Wie Eis in der Sonne – Das Gewaltmonopol des Staates

»Jetzt darf nichts mehr passieren«, das war schon seit Beginn der Jahrtausendwende ein geflügeltes Wort derjenigen, die die Bedingungen kannten, unter denen Polizei und Sicherheitsbehörden nach den dramatischen Sparorgien verantwortungsloser Politik arbeiten mussten – und dann passierte es doch. Die sich lange abzeichnenden Wanderungsbewegungen überraschten die deutsche Politik im Spätsommer des Jahres 2015 und machte die Schwächen deutscher staatlicher Infrastruktur überdeutlich. Über die Einwanderung nach Deutschland hat der Staat nicht nur zeitweise die Kontrolle verloren. Ich wiederhole noch einmal, in manchen Teilen hat er sie bis heute nicht wiedererlangt. Dies ist bei der Kontrolle und Registrierung der Menschen so, die nach Deutschland gekommen sind, das ist bei der Versorgung, der Integration und auch bei der Kriminalitätsbekämpfung so. Und auch an dieser Stelle beginnt es, gefährlich zu werden.

Der Staat schützt die Bevölkerung, die ihrerseits auf die Anwendung von Gewalt verzichtet. Das ist in Kurzform der Deal, auf dem sich das staatliche Gewaltmonopol gründet. Dieser Vertrag ist nicht nur in Gefahr, er ist teilweise längst aufgekündigt. Der Staat macht immer weniger mit und die Bürgerinnen und Bürger wollen vielfach auch nicht mehr. Auch in diesem Jahr hat beispielsweise der Innenminister »mit großer Besorgnis« die Einbruchszahlen bekannt gegeben. Das macht er in jedem Jahr. Auch in jedem Jahr »mit großer Besorgnis«. Einbruchsdelikte steuern scheinbar unaufhaltsam auf die 200 000er-Grenze zu, Deutschland fällt unter die Räuber, helft euch selbst, der Staat ist weg, das ist die Botschaft. In ländlichen Regionen sehen die Menschen häufig monatelang keinen Streifenwagen der Polizei, nachdem mit der Polizeistation die letzte staatliche Einrichtung geschlossen wurde. Und in den Großstädten sieht es kaum anders aus, Die Hansestadt Hamburg in der Einbruchsstatistik auf dem traurigen letzten Platz, auch in Bremen landunter, auch Berlin ist leichte Beute.

Auf die Silvesternacht von Köln und zwölf weiteren deutschen Großstädten mit Tausenden Straftaten, gefährlichen Körperverletzungen, Diebstählen, Raubdelikten, sexuellen Belästigungen folgten bekannte Sprachmuster der Politik von der »Härte des Rechtsstaates«, die jetzt walten müsse, und der »deutlichen Urteile«, die jetzt gefällt werden müssten. Die Verbrecher antworten auf ihre Weise: Es folgten der Karneval der Kulturen in Berlin, der Japan-Tag in Düsseldorf, das Schlossgrabenfest in Darmstadt, und es werden weitere Großereignisse folgen, bei denen Gruppen von Tätern gegen ihre Opfer vorgehen werden, weil sie niemand daran hindern kann. Über die Silvesternacht und anschließende Großveranstaltungen ist eine etwas seltsame Diskussion über die Wehrhaftigkeit deutscher Männer gegenüber gewalttätigen Attacken von Straftätern entbrannt. Ein Gewaltforscher jubelte, dass »dem deutschen Mann« (wer auch immer das sein mag) die Fähigkeit zur Gewaltanwendung abhandengekommen und dies gut für die Friedfertigkeit unserer Gesellschaft ist. Wenn er sich da mal nicht täuscht. Woanders wird die Forderung erhoben, der anwesende Partner solle in einer Situation, in der seine Frau, Freundin, Tochter sexuellen Angriffen ausgesetzt ist, »seine schärfste Waffe zücken«, nämlich sein Handy. Damit solle er dann beweiskräftige Fotos und Filme für die Polizei und Justiz machen, damit die Täter später verurteilt werden können. »Schatz, du wirst gerade begrapscht und ausgeraubt, ich kann dir aber gerade nicht helfen, ich muss filmen.« So oder so ähnlich muss man sich das wohl vorstellen.

Wieder andere Diskussionsteilnehmer lehnen das ab und fordern angesichts der Schwäche des Staates und seiner offenkundigen Weigerung, für ausreichenden Schutz der Menschen zu sorgen, die Abwehr solcher Straftaten wieder in die eigenen Hände zu nehmen. Es gibt viele Anzeichen dafür, dass genau dies geschehen wird. Und das wird kein Spaß werden. Dass die Anmeldezahlen beim sogenannten Kleinen Waffenschein in die Höhe schnellen, ist sozusagen der öffentliche, der rechtsstaatliche Teil der Entwicklung. Ich erwähnte es bereits. Wer sich derart ausrüstet, verhält sich wenigstens rechtskonform. Ob das im Einzelfall sinnvoll ist, sich mit Schreckschusspistole oder Pfefferspray ausgerüstet in Gefahr zu begeben, mag eher fraglich sein. Aber es ist ein Indiz dafür, dass sich in der Gesellschaft Dinge verändern.

Das Gewaltmonopol des Staates schmilzt wie Eis in der Sonne. Zuhälter in den Kiezen verteidigen ihre Reviere, indem sie Taschendiebe zusammenprügeln und vertreiben, in den ländlichen Regionen wie in unseren Städten sprießen Bürgerwehren aus dem Boden, und zwar nicht nur in Ostdeutschland. Das Sicherheitsgewerbe boomt und der Trend wird zunehmen. Der Rechtsstaat mag in den Köpfen mancher Politiker noch funktionieren, in der Praxis wird er sich neue Regeln suchen, denn das Vertrauen ist im freien Fall. Eine bewaffnete Gesellschaft ist das Letzte, was eine freiheitliche Demokratie braucht. Aber wer will aufhalten, was sich da entwickelt und womit? Wenn die Reaktion des Rechtsstaates auf die körperliche Integrität, sexuelle Selbstbestimmung, das Eigentum und die körperliche Unversehrtheit nicht mehr ist als Personalienfeststellung, eine kurze Theatervorstellung im Gerichtssaal und anschließend freie Bahn für die Gewalttäter, ist der Vertrag des staatlichen Gewaltmonopols gekündigt. Dann helfen die Menschen sich selbst. Da gewinnt das Recht des Stärkeren und Reichen. Dann lösen sich die Bindungen einer friedlichen Gesellschaft auf. Genau das ist die Gefahr, in der Deutschland sich befindet.

Schnell geht`s nur bergab – Der steile Weg zur Vernunft

Die bestehenden Probleme in unserem Land lassen sich sicher nicht im Schnellverfahren lösen. Aktuell können wir eigentlich nur zu so etwas wie Feuerwehrlösungen greifen. Gleichzeitig müssen wir darauf achten, dass wir aus diesen Feuerwehrlösungen dann keine Dauerlösungen machen. Sicher ist, dass wir ganz schnell mehr Personal brauchen, nicht nur in der Polizei, aber vor allem dort. Verschiedene Lösungsansätze sind in der öffentlichen Diskussion, es ist zum Verzweifeln. Jahrzehntelange Ignoranz aller Warnrufe, jetzt hektische Produktivität deutscher Politiker.

Einer der Vorschläge lautet, dass wir diejenigen bitten, die schon im Ruhestand sind, doch noch einmal zurückzukommen, um uns an der einen oder anderen Stelle zu helfen. Diese Kollegen würden etwa in Flüchtlingsunterkünfte gehen, und dort bei den Aufnahmen unterstützen. Sie könnten sich auch als Spezialisten bei der Polizei wieder zur Verfügung stellen. Die Möglichkeiten sind vielfältig. Ein weiteres Szenario besteht darin, dass wir diejenigen bitten, doch noch länger zu bleiben, die eigentlich in den Ruhestand gehen sollten. Mancherorts sind die Angebote bereits gemacht worden und so mancher Pensionär kommt auch zurück oder bleibt länger. Die Motive sind unterschiedlich. Aber klar ist, dass Polizistinnen und Polizisten eben mehr an ihr Land denken, als manche Politiker das tun. Sie haben ihre Beamtentugenden von Treue, Pflichtgefühl und Bindung an diesen Staat und seine Menschen nicht an der Garderobe abgegeben, als sie in den Ruhestand versetzt wurden. Bei beiden Gruppen blutet Gewerkschaftern das Herz. Denn so eine Lebensarbeitszeitgrenze ist ja nicht willkürlich gesetzt, sie hat vielmehr etwas damit zu tun, dass die Menschen beim Erreichen dieser Grenze vielfach ausgelaugt und ausgepowert sind.

Dann gibt es Bundesländer, die Tarifbeschäftigte einstellen wollen. Angestellte also, die etwa bei der Polizei Aufgaben übernehmen, für die keine sehr lange Ausbildungszeit notwendig ist. Aber es ist klar, dass solche Pläne innerhalb der Polizei nicht unumstritten sind, und auch manche Bundesländer es nicht wollen. Ein Grund dafür ist das tiefe Misstrauen der Beschäftigten der Polizei in die politische Führung. Denn selbstverständlich liegt der Gedanke nicht fern, dass man mit solchen Plänen eine »Billigpolizei« dauerhaft durchsetzen will. Die Bezeichnung ist übrigens eine grobe Beleidigung derjenigen jungen Menschen, die sich für eine solche Aufgabe bewerben. Trotzdem darf man nicht aus den Augen verlieren, dass jede Veränderung im Bereich der Inneren Sicherheit in Deutschland immer von der politischen Forderung begleitet wird, dass dies möglichst kostenneutral erfolgen muss. Mit anderen Worten: Wir machen jetzt mal was für die Sicherheit, aber kosten darf das nichts. Wie man diese Tarifbeschäftigten auch immer nennt (mein Favorit ist »Einsatzassistenten«), sie sollten eine Perspektive zum Wechseln in den Polizeivollzugsdienst bekommen. Das würde auch der Hauptstadt guttun, die Kolleginnen und Kollegen des Objektschutzdienstes und der Gefangenenbewachung hätten es verdient.

Man muss noch einen dritten Weg gehen, der mein persönlicher Favorit ist, nämlich die Polizei entlasten, wo sie in der Vergangenheit mit Sachen belastet wurde, die nicht sein müssen. In Berlin beispielsweise muss man sich dann schon entscheiden, ob die Polizei für die Verwaltung die Post austragen oder Einbrecher ermitteln soll. Und überall in den Ländern gibt es ähnliche absurde Beispiele. Bußgelder und Verwarngelder eintreiben, Mini-Haftbefehle vollstrecken, Autokennzeichen entstempeln, Fahrer ermitteln – die Liste ist lang. Einzig bei der Begleitung von Großraum- und Schwerlasttransporten gibt es jetzt Bewegung, das werden demnächst Spezialunternehmen machen. Immerhin nach zwanzig Jahren konnte eine Verwaltungsvorschrift geändert werden. Und einer persönlichen Entscheidung der Bundeskanzlerin bedurfte das auch. Willkommen im modernen, flexiblen und innovativen Deutschland.

Ein ähnlich absurdes Beispiel ist in diesem Zusammenhang die Blutprobenentnahme im Straßenverkehr. Über das Thema streiten wir uns nun auch schon zwanzig Jahre. Mittlerweile hat der Verkehrsgerichtstag in mehreren Diskussionen Empfehlungen ausgesprochen. Man hat sich im Strafbarkeitsbereich jedoch immer noch nicht dazu durchgerungen, auch die sogenannte Atemalkohol-Analyse zuzulassen. Im Ordnungswidrigkeitenbereich bis 1,09 Promille pustet man in ein Gerät, danach kommt dann unten ein Zettel mit dem aufgedruckten Atemalkoholwert heraus. Ab 1,1 Promille dagegen müssen wir eine Blutprobe anordnen lassen. Das heißt, dass wir einen Richter anrufen müssen, wir müssen einen Arzt besorgen – es handelt sich also um ein sehr aufwändiges Verfahren, das sich manchmal über Stunden hinzieht. Niemand in Europa macht das so, nur wir superschlauen Deutschen.

Und nur wir investieren locker die Arbeitskraft Tausender Polizistinnen und Polizisten, um die faulen Ausreden der Raser und Rotlichtfahrer zu widerlegen, die behaupten, das Auto nicht selber gesteuert zu haben. Unterstützt werden sie von einer gigantischen Anwaltsindustrie und der deutschen Politik. Allein in der Hauptstadt wird die Jahresarbeitsleistung mehrerer Hundertschaften der Polizei für diesen Quatsch verplempert. Die Lösung ist einfach und rechtsstaatlich: Der Halter sagt uns sofort, wer gefahren ist oder er zahlt das Bußgeld selbst. So machen es unsere Freunde in der EU übrigens auch, die sind einigermaßen fassungslos darüber, für welchen Unsinn die Deutschen ihre Polizeikräfte verschwenden.

Die schlechten Jahre kommen erst noch

Derzeit befinden wir uns ja noch in den guten Jahren, die schlechten Jahre werden erst noch kommen. Die großen Pensionsabgänge bei der Polizei liegen noch vor uns. Und deswegen müssen wir uns auch darauf einstellen, dass es künftig gefährlicher wird in Deutschland. Ab 2017 wird es dramatisch, dann werden so viele Beamte in den Ruhestand gehen, dass dies auch durch Neueinstellungen nicht mehr ausgeglichen wird. Das bedeutet wiederum, dass die Zahl der Kräfte weiter sinkt. Es gibt Bundesländer, die verkünden, dass sie künftig 2 000 neue Polizisten im Jahr einstellen wollen. Doch sie verschweigen, dass weit mehr als diese 2 000 Beamten schon bald in den Ruhestand gehen werden.

Die Frage, die sich vor diesem Hintergrund stellt, ist natürlich auch, wie sich eine Forderung nach einem starken Staat überhaupt umsetzen lässt. In der Tat ist es so, dass vor uns riesige Anstrengungen liegen – und zwar auch riesige finanzielle Anstrengungen. Und: Es muss wieder schick werden, beim und für den Staat zu arbeiten. Wir müssen die Beamten und Tarifbeschäftigten wieder richtig stolz auf das machen, was sie da tun. Damit sie nicht nur sich selbst, sondern auch anderen sagen können, dass es erfüllend und sinnvoll ist, beim Staat zu arbeiten, dem Gemeinwohl zu dienen. Was sich so altmodisch anhört, ist dringend nötig, denn es unterscheidet den Staat von profitorientierten Unternehmen elementar.

Viele Politikerinnen und Politiker haben viele Jahre lang daran gearbeitet, dass die Beschäftigten des öffentlichen Dienstes sich wie Parasiten der Gesellschaft fühlten. Leute wie Wowereit, Schröder und auch Politiker der FDP haben viel dazu getan, den Eindruck zu vermitteln, dass diejenigen, die für den Staat arbeiten, im Grunde nicht mehr sind als Kostgänger mit zwei Ohren. Die kosten nur Geld, die brauchen wir nicht. Auch CDU-geführte Regierungen waren ganz vorne mit dabei, als es darum ging, Gehälter zu kürzen, und sind es noch. Dabei ist die Botschaft so einfach: Wer eine Partei der Inneren Sicherheit sein will, muss die Finger von den Einkommen der Beschäftigten der Polizei lassen. An dieser Stelle möchte ich erneut betonen, dass »Privat vor Staat« einer der dümmsten politischen Grundsätze ist, die ich jemals gehört habe. Wie kann man »Privat vor Staat« in einem Land sagen, dessen stabiler und zuverlässiger öffentlicher Dienst einer der wichtigsten Standortfaktoren, auch für die wirtschaftliche Entwicklung, ist? Dass Deutschland im weltweiten Ranking in den vergangenen Jahren stetig zurückfällt, ist kein Zufall. Jetzt müssen wir umdenken und wir müssen sagen, dass es gut, wichtig und auch attraktiv ist, für das Gemeinwohl zu arbeiten und sich diesem Staat persönlich verbunden zu fühlen.

Mein Eindruck ist leider nicht, dass die Verantwortlichen wirklich schon die Zeichen der Zeit verstanden haben. Die stellen nämlich immer noch Leute mit Zeitverträgen ein – und zwar für dauerhafte Aufgaben. Die machen also nichts anderes als die freie Wirtschaft. Viele Politiker haben einfach noch nicht kapiert, dass der Staat etwas anderes ist. Mit dem Staat kann man kein Geld verdienen, er muss gut funktionieren, die Menschen schützen und für sie da sein. Das ist ein starker, ein sozialer Rechtsstaat. Und der funktioniert eben nicht wie McDonald's. Wir dürfen auch nicht dem Irrglauben verfallen, dass ein Staat gewinnbringend arbeiten muss. Das Gegenteil ist der Fall: Ein Staat darf Geld kosten. Gemeinnützigkeit kostet Geld, und wenn wir nicht bereit sind, dieses Geld in die Hand zu nehmen, dann wird es nicht gelingen.

Manchem Politiker brennt es einfach noch nicht genug, sie reagieren nur auf Schmerzen, Feuer, Bomben, Tote, Verletzte, Geschrei und Mediendruck. Das alles führt natürlich auch noch zu einer anderen Frage. Nämlich der, wie wir es denn schaffen können, dass die Arbeit für den Staat wieder als attraktiv empfunden wird. Natürlich sind dabei auch bessere Gehälter ein Stichwort. Wenn man zum Beispiel in Berlin 20 Prozent weniger als in Bayern verdient, wird man auf lange Sicht in Ländern mit geringerem Einkommen Probleme bekommen, offene Stellen zu besetzen. Die Attraktivität ist im Polizeiberuf und ebenfalls in anderen Behörden eine andere, wenn man etwa mit Zeitverträgen arbeitet. Auch wenn man Menschen in der Ausbildungsphase nicht wirklich wertschätzt, wird man auf lange Sicht nicht genügend Leute bekommen. Fast genauso wichtig wie ein ordentliches Gehalt ist die Feststellung, dass der Staat diese Beschäftigten wirklich braucht. Dass es einfach wichtig ist, beim Staat zu arbeiten, und dass diese Beschäftigten nicht einfach nur Kostenfaktoren sind. Und dazu gehört, dass seine Repräsentanten zu ihren Beschäftigten stehen, auch dann, wenn es einmal ernst wird.

Als zu Jahresbeginn die Vorfälle von Clausnitz geschahen, habe ich so viel dummes Zeug unter anderem von Grünen-Politikern gehört, dass ich es nicht fassen konnte. Ich dachte nicht, dass man so viel Blödsinn in so kurzer Zeit überhaupt aussprechen kann. Es war wirklich unglaublich. Die Polizei hat dort mit schwachen Kräften eine Situation bereinigen müssen, die zu eskalieren drohte, und hat dies auch richtig gemacht. Doch manche Politiker kannten im Grunde nicht mehr als die inzwischen berühmt berüchtigte kurze Videosequenz der Ankunft des Busses mit den Flüchtlingen darin. Jeder, der sich auch nur im Geringsten mit aktuellen technischen Möglichkeiten beschäftigt, muss sich sagen: Das war eine Videosequenz von einem Handy, von der niemand wusste, wer sie überhaupt gefilmt hatte, und noch weniger, wer sie womöglich geschnitten und dann in die Öffentlichkeit gebracht hatte. Niemand wusste also, woher dieses Material eigentlich stammte.

Trotz dieser vielen offenen Fragen fiel man direkt über die Polizei her. Was jedoch kein Einzelfall war. Ich habe so etwas im Gegenteil schon viel zu oft erlebt. Zum Beispiel in Bremen. Dort wurde eines Tages die Festnahme eines Täters als Video auf *Bild online* veröffentlicht. Die Szene zeigte, wie sich sieben Polizisten auf eine Person stürzten. Diese Person wurde dabei zu Boden gebracht, der Schlagstock wurde eingesetzt. Tatsächlich sahen die Bilder schlimm aus. Ganz schnell war wieder von rechtswidriger Polizeigewalt die Rede. Nur stellte sich die wirkliche Situation als vollkommen anders dar. Wochen später fand die Staatsanwaltschaft unter anderem heraus, dass Teile des zusammengeschnittenen Videos einfach falsch zusammengesetzt waren. Hinzu kam, dass sich der Gesamtsachverhalt als ein völlig anderer entpuppte, als er zunächst dargestellt worden war. Denn es handelte sich um einen wichtigen, einen richtigen und einen notwendigen Einsatz – und zwar gegen eine Person, bei der es sich um alles andere als irgendein harmloses Bürschchen handelte. Der Polizeieinsatz war in seiner massiven Form notwendig, weil man auf diese Weise Schlimmeres verhindern wollte. Die Polizei musste in einer Gegend einschreiten, in der sich üblicherweise viele kriminelle Gestalten herumtreiben. Besagte Person wiederum war in dieser Szene kein Unbekannter, und man musste ihn möglichst schnell aus dem Verkehr ziehen. Wenn man vor einer Örtlichkeit mit vielen Menschen steht, und wenn viele auch noch aus dem kriminellen Milieu stammen, ist schnelles Handeln das Gebot des Moments. Der Einsatzleiter entscheidet also, dass besagte Person von dort schnell fortgebracht werden muss. In diesem Fall hatte der Mann zuvor schon an der Garderobe eine Frau geschlagen, er hat auch andere bedroht – was natürlich auf besagtem Video alles nicht zu sehen war. Die Polizisten vor Ort aber wussten es.

Wenn man diesen Mann festnehmen muss, kann man das nicht machen, indem man ihn einfach kurz am Ärmel zieht und höflich bittet mitzukommen. Vielmehr muss er binnen kürzester Zeit gepackt und zu Boden gebracht werden. Dann muss er gefesselt und abtransportiert werden. Macht man das nicht, hat man binnen kürzester Zeit fünfzehn oder mehr von diesen Typen am Hals, weil der Festzunehmende womöglich die Chance genutzt hat, seine Kumpels zu Hilfe zu rufen. Eine solche Person muss also nach dem ersten Umdrehen schon auf dem Boden liegen und die Hände auf dem Rücken haben. All das klappte in diesem Einzelfall auch perfekt, der gesamte Einsatz dauerte kaum mehr als zwei Minuten. Nur produziert ein derartiger Einsatz zwangsläufig keine schönen Bilder. Als Polizei sind wir ja sowieso immer wieder in der misslichen Situation, dass wir manchmal keine schönen Bilder produzieren.

Schöne Bilder gibt es, wenn wir zum Elternsprechtag gehen oder zu einer Polizeiausstellung und dort dann bunte Bildchen und Prospekte verteilen. Das ist wirklich schön. Nur glauben viele Menschen dann, dass Polizeiarbeit immer so aussieht. Was freilich nicht der Fall ist. Polizei muss auch zupacken können, und das sieht dann eben nicht schön aus. Wir müssen Menschen sogar schlagen können, und wir müssen Leuten auch wehtun. Das ist richtig und wichtig, weil wir uns sonst nicht durchsetzen können. Und auch wenn das jetzt vielen Zeitgenossen wieder nicht passt, ich werde das immer sagen: Waffen, die wirken sollen, müssen auch wehtun dürfen. Wir können unsere Arbeit nun einmal nicht mit Schlagsahne-Gewehren erledigen. Damit würden wir unsere Maßnahmen nicht durchsetzen, und die Leute würden über uns lachen. Damit sie das nicht tun, müssen die Menschen schlicht wissen, dass Polizei notfalls wehtun kann. Das ist nicht menschenverachtend, das ist rechtsstaatlich vorgesehen. Genau deshalb haben wir ja Gesetze über die Anwendung unmittelbaren Zwangs und zulässige Waffen. Weil wir Menschen eben nicht immer in den Streifenwagen bitten können, sondern weil wir notfalls auch beherzt zupacken müssen, was im Einzelfall wehtun kann. In dem Bremer Fall sind übrigens alle Verfahren gegen die eingesetzten Polizisten von der Staatsanwaltschaft eingestellt worden. Und zwar nach sehr sorgfältiger Prüfung, was nun mal immer einige Wochen dauert. Aber interessiert hat das natürlich niemanden mehr.

Köln, Clausnitz und parlamentarische Wichtigtuer

Wir leben inzwischen in einer Welt, in der bestimmte Dinge in der Öffentlichkeit im Grunde gar nicht geschehen dürfen, weil sie hässlich aussehen. Und sie dürfen auch deshalb nicht geschehen, weil wir ja angeblich immer auch noch andere Handlungsoptionen haben. Nach Einsätzen wie dem in Bremen, dem in Clausnitz oder an vielen anderen Orten finden sich am nächsten Morgen immer Menschen, die den Anschein erwecken, sie wüssten genau, wie man die Situation hätte besser bewältigen können. Meist sind es Politiker, die hinterher immer wissen, wie es eigentlich vorher hätte besser laufen können. Grüne oder Linke im Allgemeinen. Solche Menschen wissen dann auch direkt nach einer Kölner Silvesternacht, wie man das hätte besser organisieren können.

In der Regel handelt es sich tatsächlich allerdings um Leute, denen ich im Ernstfall nicht einmal die Organisation eines Kindergeburtstages anvertrauen würde. Diese Menschen haben von Polizeiarbeit schlicht und ergreifend keine Ahnung. Aber sie stellen sich eben am Morgen vor die Kameras, und erklären uns und der Welt, wie wir am Vorabend unsere Arbeit hätten machen sollen. Kämen diese Leute selbst in eine solche Situation, mit der die Polizei umzugehen hat, dann würden sie sich wahrscheinlich vor Angst in die Hose machen.

Aber als parlamentarische Besserwisser sind sie natürlich sofort auf Sendung und belehren uns, dass man das alles mit Deeskalation viel besser bewältigt hätte. Diejenigen, die vorher ihre Köpfe hinhalten mussten, können das manchmal nur schwer ertragen. Denn sie wissen: Mit Weichheit und Schwäche deeskaliert man nicht. Deeskalation ist richtig, und zwar durch Stärke. Die Polizei muss Stärke zeigen, und sie muss Präsenz zeigen. Beim G7-Gipfel auf Schloss Elmau im Jahr 2015 war die Polizei mit 20 000 Einsatzkräften vor Ort. Da blieb dann auch gar kein Raum, um Straf- oder Gewalttaten zu begehen. Weil sich das einfach niemand getraut hat, und genau das ist auch richtig so. Die Leute müssen wissen, dass die Polizei so stark vertreten ist, dass sie sofort eingesperrt würden, sollten sie Gewalt ausüben.

Ich finde es natürlich auch richtig, dass bei Demonstrationen Kriseninterventions- oder Deeskalations-Teams eingesetzt werden. Diese Kolleginnen und Kollegen sind dann auch erkennbar, sie reden mit den Leuten, und sie versuchen eben zu beschwichtigen. Wir geben uns auch Mühe, etwa über soziale Medien Einsätze und Einsatzverhalten der Polizei zu erklären. So etwas trägt ebenfalls zur Deeskalation bei. Das alles ist gut, wichtig und richtig, es ersetzt aber nicht polizeiliches Handeln und polizeiliche Durchsetzungsfähigkeit. Gerade in diesem Zusammenhang aber vertun sich manche Menschen. Wenn sie nämlich die Meinung vertreten, dass man mit Mitteln der Deeskalation und der Information ja auch die Einsätze an sich bewältigen könnte. Das ist nicht wahr. Es gibt eben auch Menschen, die zu Gewalt entschlossen sind. Egal ob Fußballspiel oder Demo, solche Typen wollen Gewalt und Chaos. Zu denen kann man kein Deeskalationsteam schicken, und die kann man auch nicht via Twitter beruhigen. Ruhig halten kann man die nur durch eine Hundertschaft und spezielle Einsatzkräfte, die hart, konsequent und vor allem schnell zupacken können. Das produziert natürlich einmal mehr hässliche Bilder.

In vielen Fällen springen dann auch wieder parlamentarische Wichtigtuer mit Abgeordnetenausweis dort herum. Sie springen nicht nur herum, sondern mitunter zwischen Demonstranten und Polizei hin und her, wollen zwischen den beiden Lagern vermitteln. Eigentlich gehören solche Leute rasch aus dem Verkehr gezogen. Denn die haben da nicht zu vermitteln. Wir brauchen keine parlamentarischen Beobachter, und wir brauchen auch keine parlamentarischen Vermittler. Das alles ist vielmehr völliger Blödsinn. Solche Personen sind für mich nicht mehr als Wichtigtuer. Wir haben entschlossene Einsatzleiter, wir haben eine super Bereitschaftspolizei. Wir haben eine Bereitschaftspolizei, die noch nie so gut war, wie sie es heute ist. Sie war noch nie so gut ausgebildet, sie war noch nie so gut aufgestellt und auch nicht so vielfältig eingesetzt in der Professionalität des Einsatzgeschehens. Diese selbst ernannten parlamentarischen Aufpasser dagegen haben schlicht nicht kapiert, dass das Parlament die Exekutive zwar beaufsichtigt, dass das aber noch lange nicht bedeutet, dass jeder Parlamentarier in jedem Polizeieinsatz als Obereinsatzführer herumspringen darf. Denn das ist etwas ganz anderes. Parlamentarische Kontrolle wird im Parlament ausgeübt, nicht auf der Straße.

Dass die Bereitschaftspolizei so häufig im Einsatz ist, hängt nicht zuletzt mit ihrer Qualität zusammen. Man kann sie zu jeder Einsatzlage schicken, die Kollegen sind unglaublich mutig. Sie gehen in einen Steinhagel rein, bei dem manch anderer einfach wegrennen würde. Sie stellen sich allen Situationen überall, und sie sind erfolgreich. Sie sind gut ausgebildet, aber sie sind derzeit eben auch in einer Weise belastet, die es in den vergangen Jahrzehnten nie gegeben hat. Die gesamte Mentalität der Einsatzkräfte wird im Augenblick bis aufs Blut geprüft. Sie werden abkommandiert, um mal eben an der Grenze zu unterstützen, dann kommen sie wieder zurück, sind nach solchen Wochen völlig ausgepowert und können sich dann aber gerade einmal umziehen, bevor schon wieder der nächste Einsatz ansteht.

Manche dieser Kollegen haben über Monate kein freies Wochenende. Eine derartige Belastung hat die Bereitschaftspolizei bisher noch nie erlebt. Das alles birgt die Gefahr, dass der sehr hohe Einsatzwert unserer Bereitschaftspolizei sinkt, weil wir eben nicht mehr in der Lage sind, das Erlebte auch vernünftig zu verarbeiten. Jeder, der sich mit Personalführung auskennt, weiß, dass man Belastungen nur bis zu einer bestimmten Grenze ertragen kann. Vor allem reden wir seit Ewigkeiten davon, dass Polizei bei und vor allem nach ihren Einsätzen immer auch reflektieren muss. Vor allem müssen wir uns im Rahmen der Einsatznachbereitung dann auch die Frage stellen, was wir vielleicht künftig noch besser machen könnten. Denn es ist ja logisch, dass in solchen Einsätzen auch einmal etwas falsch läuft. Wenn Hunderte oder gar Tausende Polizisten eingesetzt sind, macht nicht jeder in jedem Moment wirklich perfekt das Richtige, sondern es geschehen gelegentlich handwerkliche Fehler.

Man muss dann die Zeit haben, im Nachhinein über mögliche Änderungen oder Verbesserungen nachzudenken, um besser zu werden. Wie man in einer solchen Zeit auf die Idee kommen kann, Hundertschaften abzubauen, wie es selbst ernannte Experten in Nordrhein-Westfalen machen, bleibt deren Geheimnis. Solche Konzepte gehören sofort in den Mülleimer. Die Einsatzkräfte sind nicht nur körperlich, sondern auch mental ausgepowert. Oftmals wissen sie ja morgens gar nicht mehr, was nun wieder auf sie zukommt – Fußballfans, Rocker, Salafisten, oder sind es normale Bürger, die einfach nur stinkesauer sind? Oftmals blickt man gar nicht mehr durch. Das Einzige, dessen sie sich immer sicher sein können, ist die Tatsache, dass sie wieder einmal zwischen den Fronten stehen und am Ende von allen beschimpft werden. Diejenigen, gegen die sie eingeschritten sind, werden sicher sagen, dass die Polizei wieder einmal viel zu brutal war. Die andern werden sagen, sie wären wieder einmal viel zu nachsichtig gewesen. Und die Politiker werden sich einmal mehr als die besseren Einsatzleiter profilieren wollen und uns erklären, wie wir es hätten besser machen können.

Doch was uns wirklich droht, das ist ein massiver Qualitätsverlust bei der Polizei – und zwar insgesamt. Denn es ist ja nicht nur so, dass die Zeit zur Einsatznachbereitung fehlt. Auch die Einsatztrainings leiden unter diesem Zeitmangel. Für Außenstehende wirken manche Einsätze so, als würde die Polizei mit einer großen Masse immer nur vor und zurückgehen. Tatsächlich ist ein solcher Polizeieinsatz mit Hundertschaften eine sehr komplexe Angelegenheit, die auch trainiert sein will. Da sind Spezialeinheiten beteiligt, da gibt es Beweissicherungstrupps oder Festnahmetrupps, dahinter gelagert finden sich die sogenannten Bearbeitungsstraßen, an denen erkennungsdienstliche Behandlungen durchgeführt werden. Es geht immer auch darum, dass wir beweissicher Festnahmen machen, was wiederum einen sehr hohen Anspruch bedeutet, den wir selber an uns und unsere Arbeit stellen.

Im Moment jedoch machen wir vor allem Lagebewältigung, wir haben ja kaum mehr die Zeit für Strafverfolgung. Was unsere Aufgabe und unser persönlicher Anspruch ist und sein sollte – auch in Zusammenhang mit einer Versammlung oder einer vergleichbaren Situation. Denn auch da werden Straftaten begangen, und die müssen verfolgt werden. Damit die Feststellungen der Polizei auch zu einer Verurteilung führen, muss eine geschlossene Beweiskette erbracht werden, so verlangen es die Gerichte. Das heißt: Wir müssen die Täter am besten bei der Tat filmen, festnehmen, in die Festnahmestation bringen und sie dort erkennungsdienstlich behandeln, vernehmen. Eine lückenlose Beweiskette also, auf deren Basis ein Straftäter auch verurteilt werden kann.

Stärke zeigen ohne Geld – Der Kaiser hat gar nichts an!

Ein starker Staat muss über Strukturen und Ressourcen verfügen, die belastbar sind. Er muss nicht Tausende Polizisten untätig in den Kasernen vorhalten. Aber er muss in der Lage sein, nicht nur wie eine Feuerwehrpolizei zu agieren, sondern auch auf außergewöhnliche Belastungen angemessen reagieren zu können. Im Moment allerdings reagiert der Staat, indem er an anderer Stelle Löcher reißt. Deswegen lassen sich bestimmte Entwicklungen der nächsten Zukunft auch schon jetzt recht genau vorhersagen. Wir werden zum Beispiel eine sehr negative Entwicklung im Bereich der bereits angesprochenen Einbruchskriminalität behalten oder klar ausgedrückt: Das Einbrecherparadies Deutschland bleibt attraktiv für Ganoven jeglicher Art. Das Gleiche gilt für die Straßenkriminalität und auch für Verkehrsunfallentwicklung. Einfach weil wir die Einsatzkräfte nicht mehr haben, die sich beispielsweise zuvor um die Prävention gekümmert haben.

In den letzten Jahren haben wir ja immer sehr viel Bereitschaftspolizei eingesetzt, um beispielsweise Streifen durch Wohngebiete fahren zu lassen, um Einbrecherbanden aufzuspüren oder auch um Verkehrsunfälle zu verhindern. Gerade etwa haben wir ein neues Konzept entwickelt, um die Bekämpfung von Einbruchskriminalität mit Verkehrsunfallbekämpfung zu kombinieren. Wir haben also kombinierte Verkehrskontrollen eingerichtet, die auf der einen Seite eine Kontrolldichte im Straßenverkehr herstellen sollen, dabei wird dann aber auch darauf geachtet, ob in diesen Fahrzeugen möglicherweise auch Einbrecherbanden unterwegs sind. Ist nicht schwer zu begreifen: Weniger Kontrollen heißt freie Fahrt für Einbrecher. So einfach ist das und so schlimm.

Ein starker Staat kann auf eine Herausforderung, wie sie die derzeitige Zuwanderung darstellt, tatsächlich reagieren. Ein schwacher Staat kann es nicht. Sicher hört sich die Zahl von einer Million Menschen erst einmal gewaltig an. Dabei darf man aber auch nicht vergessen, dass wir ein Volk von 82 Millionen Einwohnern sind. Eigentlich dürfte das für eine öffentliche Verwaltung kein unlösbares Problem darstellen. Nach der Wiedervereinigung haben wir ja plötzlich siebzehn Millionen Menschen mehr gehabt. Sicher, es gab keine sprachlichen Hürden zu überwinden. Trotzdem waren es eben siebzehn Millionen. Mit denen mussten wir eine Wirtschaft aufbauen, eine Verwaltung und vieles andere mehr.

Damals wurden viele Beschäftigte des öffentlichen Dienstes in den Osten geschickt, und dann wurden diese Aufgaben erledigt. Es wurden Arbeitsämter, Meldeämter oder auch die Polizei aufgebaut. Das geschah teilweise mit dem vorhandenen Personal, teilweise wurden Stellen neu besetzt. Dann wollte die Politik den schlanken Staat und den haben wir jetzt, und noch mehr, wir haben einen regelrecht schwindsüchtigen und schwachen Staat. Und es ist noch nicht zu sehen, dass er nachhaltig gestärkt wird. Nicht nur die Polizei wird auf Verschleiß gefahren, das Gleiche ist auch in anderen Behörden der Fall. Da kommen gelegentlich ein paar Teilzeitkräfte dazu, da gibt es Zeitverträge und vielleicht werden irgendwo auch mal dreißig Stellen geschaffen. Aber für mich ist kein durchdringender Wille zu erkennen, wirklich in größerem Rahmen etwas an der Situation zu ändern. Auch nicht bei der Polizei. Und das ist kein Misstrauen. Das ist Erfahrung.

Wenn die Hauptstadt Berlin immer wieder als Beispiel für besonderes Versagen von Politik angeführt wird, hat das seinen Grund. In keiner anderen Stadt ist die Belastung für die Polizei und die gesamte Verwaltung so hoch und nirgends waren die Einschnitte so dramatisch. Nach der Wiedervereinigung hatte die Hauptstadt rund 28 000 Polizeibeschäftigte. Jetzt sind es rund 5 000 weniger, obwohl Berlin wächst und wächst. Innensenator Frank Henkel kämpft tapfer dafür, dass die Einstellungszahlen wieder steigen, und hat auch erste Erfolge, aber der Durchbruch steht noch aus. Dabei ist eine Zahl von 30 000 Beschäftigten für die Berliner Polizei nicht zu viel, zumal für eine Stadt, die sich gerade anschickt, die Marke von vier Millionen Einwohnern zu erreichen, und die in jedem Jahr rund fünfzehn Millionen Besucher zählt. Denn die Polizei in Berlin hat mit Demonstrationen oder anderen Ereignissen und Veranstaltungen in jedem Jahr auch mehr als 5 000 sogenannter Einsatzanlässe.

Eigentlich müsste es gerade in der deutschen Hauptstadt mit ihrer riesigen Wirkung in die ganze Welt eine hervorragend ausgestattete, schlagkräftige, stolze und Souveränität und Stärke ausstrahlende Polizei und staatliche Verwaltung geben. Davon sind wir leider weit entfernt. Nun kann man sich natürlich überlegen, ob es nicht sogar gut ist, dass uns die Flüchtlingskrise viele Wahrheiten über die Schwäche staatlicher Strukturen offenbart. Denn es wären auch weit gefährlichere Szenarien denkbar, die zu noch schlimmeren Folgen geführt hätten, etwa Terroranschläge an verschiedenen Stellen im Land. Aber niemand kann sagen, dass dies nicht unmittelbar bevorsteht.

Kleine Fürsten ganz groß – Übertriebener Föderalismus statt kluger Staatsführung

Will man einen Staat schwächen, muss man ihn möglichst kleinteilig zerlegen, Verantwortlichkeiten und Zuständigkeiten bis zur Unkenntlichkeit aufteilen und das alles mit großem Tamtam als Jahrhundertwerk beschließen. Für mich ist das, was die politischen Entscheider Föderalismusreform genannt haben, nichts anderes als purer Provinzialismus, einfach nur lächerlich. Leider kann man nicht erwarten, dass all das wieder rückgängig gemacht wird. Denn zur Durchsetzung der Föderalismusreform musste man damals die Verfassung ändern. Diese Verfassungsänderung hatte riesige Mehrheiten im Bundestag und Bundesrat. Fast alle haben zugestimmt. Heute allerdings kann ich die Anzahl derjenigen Politiker und Politikerinnen an einer Hand abzählen, die zugeben, dass sie damals daran beteiligt waren. Alle haben damals mitgemacht, nun aber beklagen sie sich über die Folgen und fragen sich, was das denn für ein Unsinn ist. Die meisten wussten überhaupt nicht, worüber sie abstimmen.

Heute ist es politisch schwer vorstellbar, dass man noch mal eine Verfassungsänderung in diesem Bereich hinbekommt, richtig und wichtig allerdings wäre es. Es sind sicher Tausende von Beschäftigten, die dafür arbeiten, Länder-Eitelkeiten und provinzielles Gehabe zu erfüllen. Es sind ganze Stäbe, die damit beschäftigt sind, Regelungen zu schaffen, die einmal bundeseinheitlich waren und jetzt überall neu formuliert werden müssen. Die Länder wollten ja mit der Föderalismusreform nicht wirklich den Föderalismus reformieren. Sie wollten vor allem Geld sparen. Sie wollten Beamte abbauen, und sie wollten die verbliebenen Beamten schlechter bezahlen. Das war einer der Hintergründe, weil das eben auch viel leichter geht, wenn man es im eigenen Bundesland macht.

In Nordrhein-Westfalen etwa wurde das Weihnachtsgeld zunächst eingefroren, dann waren es nur noch 86 Prozent, bevor man es schließlich auf 50 Prozent zusammenstrich. Dagegen haben wir gemeinsam mit Jürgen Rüttgers von der CDU demonstriert. Als der dann allerdings Ministerpräsident wurde, hat er das Weihnachtsgeld erst mal weiter auf 30 Prozent reduziert. Diese Form des Umgangs mit den Beschäftigten im öffentlichen Dienst, dieses Betrügen und Demütigen, macht etwas mit den Menschen. Geht man so mit seinen eigenen Beschäftigten um, darf man sich natürlich nicht wundern, wenn die eigenen Beschäftigten sich irgendwann fragen, was das eigentlich für ein Arbeitgeber ist. Nun beginnt Politik langsam wieder, Versäumtes aufzuholen, aber mit Vertrauen ist das wie mit Geschirr. Einmal zerschlagen kann man es vielleicht notdürftig zusammenkleben, kaputt bleibt es trotzdem.

Der Wettbewerb unter den Ländern um die besten Beschäftigten für die Polizei und den öffentlichen Dienst ist voll entbrannt. Ich wäre früher nicht im Traum auf die Idee gekommen, mich außerhalb meiner Heimat Nordrhein-Westfalen zu bewerben. Aber das war auch in den frühen Siebzigerjahren, und damals hatte man noch gar nicht die Vergleichsmöglichkeiten, die heute so selbstverständlich sind. Man wurde als Polizeianwärter gleich bezahlt, und die Aussichten waren überall ähnlich. Aber damit habe ich mich ohnehin kaum beschäftigt. Ich habe gesagt, ich wohne in Duisburg, dann bewerbe ich mich natürlich auch bei der Duisburger Polizei. Ich wäre gar nicht auf eine andere Idee gekommen.

Heute dagegen verhalten sich junge Leute anders. Sie sind viel cleverer, sie sind vernetzter und sie sind zudem deutlich mobiler. Sie bewerben sich beispielsweise in mehreren Bundesländern gleichzeitig und machen dort die Einstellungstests. Und dann beschließen sie, dass sie dorthin gehen, wo es ihnen vermutlich am besten gehen wird. In der Folge wird das bedeuten, dass diejenigen Bundesländer die Nase vorne haben werden, die einen öffentlichen Dienst haben, den sie besser bezahlen und dem sie zusätzlich weitere attraktive Bedingungen schaffen. Das lässt sich jetzt schon in Bayern feststellen, wo vieles besser ist. Berlin wiederum lebt ein wenig davon, dass es die Hauptstadt ist. Viele junge Leute wissen zwar um die schlechtere Bezahlung und auch die schlechteren Beförderungsmöglichkeiten. Aber es ist halt die Hauptstadt und Berlin ist aufregend – das ist dann Grund genug für eine Bewerbung.

Langfristig jedoch ist allein ein gutes Image eines Ortes nicht tragfähig, um ihn für den Nachwuchs attraktiv zu halten. Langfristig tragbar sind vielmehr gute berufliche Perspektiven. Deshalb prüfen die Bewerberinnen und Bewerber in dieser Zeit sehr genau, wo sie hingehen. Deshalb setzt sich nun auch wieder etwas in Gang, das bereits erste Folgen hat: Da gibt es ein erstes Bundesland, das wieder Weihnachtsgeld einführen will, andere Länder führen Zulagen wieder ein. Wieder andere Länder übernehmen das, was die Tarifbeschäftigten bekommen haben, eins zu eins nun auch für ihre Beamten. Das alles sind Indizien dafür, dass sich die Länder schon langsam gegenseitig hochschaukeln mit dem, was sie jungen Menschen anzubieten haben. Im Ergebnis wird das dazu führen, dass die Länder im Ringen um Personal die Bedingungen so weit verbessern, dass es am Ende wieder richtig teuer wird. In zehn oder vielleicht auch erst in zwanzig Jahren werden dieselben Länder wieder nach dem Bund schreien, die damals die Föderalismusreform vorangetrieben haben. Richtig wäre es gewesen, flächendeckend in Deutschland für die Beschäftigten des öffentlichen Dienstes anständige Bezahlung und angemessene Personal- und Technikausstattung bereitzustellen. Denn die Menschen haben ein Recht darauf, einen funktionierenden Staat zu haben, wo auch immer sie gerade wohnen.

Nicht die Polizistinnen und Polizisten sind schwach. Junge Menschen kommen zur Polizei, um den Staat und seine Menschen zu schützen, um für ein wenig mehr Gerechtigkeit und Sicherheit zu sorgen. Es herrschte längst das blanke Chaos auf unseren Straßen, wären da nicht diejenigen, die sich diesen Entwicklungen mit ganzer Kraft entgegenstellen. Aber die Kräfte lassen nach, viele haben schon aufgegeben. Das sind klare Anzeichen für einen schwachen Staat. Ein schwacher Staat setzt seine eigene Funktionsfähigkeit und das Leben und die Gesundheit seiner Beschäftigten aufs Spiel. Und wenn die Strukturen des Staates nachgeben, ist unsere Sicherheit dahin.

Kapitel 5

Im Namen des Volkes – Rechtsstaat auf Bewährung

»Das deutsche Recht ist im Sinkflug!« Der Präsident des Deutschen Richterbundes, Jens Gnisa, war sichtlich geschockt, als er kurz nach seiner Wahl in einer Talksendung gleich mehrfache Begegnungen mit der deutschen Lebenswirklichkeit hatte. Die direkte Konfrontation mit den Talkpartnern meisterte der kluge Jurist aus Nordrhein-Westfalen noch mit der ihm typischen Eloquenz und Standhaftigkeit. Aber was er nach der Sendung an Reaktionen aus dem Volk erhielt, schockierte ihn dann offensichtlich doch. Beispielsweise die, dass die Menschen in unserem Land dem abwägenden Blick deutscher Gerichte so gar nicht folgen mochten und lieber ihrer »Empörungskultur« nachgingen. Und dass entsprechend einer Umfrage rund die Hälfte der Menschen in Deutschland die deutsche Justiz als zu lasch empfinden und gar nicht wissen wollen, warum solche Urteile ergehen, sondern einfach eine andere Rechtsprechung erwarten. Und dass sie im Internet nach Lust und Laune andere Menschen beschimpfen und beleidigen.

Der Richterpräsident hat also wenigstens im Internet verfolgen können, was Polizistinnen und Polizisten im Dienst und außerhalb des Dienstes nahezu täglich durchmachen. Rund achtzig Beleidigungen habe er ausgemacht, die könne man doch nicht alle verfolgen, schließlich könne man auch nicht achtzig Strafanträge stellen. Kann man nicht? Wieso nicht? Sicher, ein Richter muss keine Strafanträge stellen und auch keine Anzeigen erstatten. Ein Polizeibeamter, der dies versäumte, müsste unverzüglich mit Verfahren wegen Strafvereitelung im Amte rechnen. Trotzdem wäre dem Präsidenten des Deutschen Richterbundes zu raten, diese achtzig Strafanträge zu stellen und entsprechende Strafanzeigen fertigen zu lassen. Dann würde er eine wichtige Lebenserfahrung mit Millionen Opfern unterschiedlichster Straftaten in Deutschland teilen. Nach der achtzigsten Einstellungsverfügung der Staatsanwaltschaft »Weil die Täter nicht zu ermitteln sind« könnte er nachempfinden, wie es ist, als Opfer vom Staat alleingelassen zu werden. Während die Täter dadurch die Botschaft bekommen: »Weiter so!«, heißt es für die Opfer: »Kann man nichts machen«. Eine der wichtigsten Säulen des Rechtsstaates, nämlich die Justiz, drohe Schaden zu nehmen, so das kluge Resümee des obersten Richtervertreters, der nun zu spüren scheint, dass auch der Rechtsstaat konkret in Gefahr ist.

Dieser Rechtsstaat ist ein hohes Gut und niemand möchte ihn missen. Manchmal ist er trotzdem schwer auszuhalten. In den Augen vieler Menschen in Deutschland kommt er schwach und uneinsichtig, gelähmt und ängstlich, rechthaberisch und manchmal fast trottelig daher. Täter lachen, Staatsanwälte und Polizisten verzweifeln und die Opfer sehen ungläubig zu, wie sie alleingelassen werden von einem Staat, dem sie ihren Schutz anvertraut haben. Kurz: So wird das nichts. Auch hier fangen die Fehler schon bei den Jüngsten an. Wer Jugendlichen sechzehn Bewährungsstrafen hintereinander verpasst, bevor sie erstmals eine Gefängniszelle von innen zu sehen bekommen, setzt falsche Zeichen und richtet eher Schaden an.

Junge Menschen brauchen eine frühzeitige Reaktion des Staates und eine, die sie auch verstehen. Bewährung und Ermahnungen, begleitet von wohlmeinenden Prognosen zugewandter Gutachter, immer und immer wieder, das versteht niemand und Jugendliche erst recht nicht. Und wenn der junge Intensivtäter schließlich in den Knast geschickt wird und eine lange kriminelle Karriere hinter sich hat, wenden sich manche Richterinnen und Richter »in professioneller Distanz« den nächsten Fällen zu. Dabei können Urteile weit über den Gerichtssaal hinaus wirken, ob es ihnen passt oder nicht. Die Wirkung von Verfahren und Urteilen wird aber häufig ausgeblendet, man ist nur mit sich und der Rechtsfindung befasst, die Welt bleibt draußen. Die kuscheligen Ausführungen, zartfühlenden Erklärungen und liebevollen Entschuldigungsmuster, die fast kindliche Naivität mancher Richtersprüche und Belehrungen sind alles andere als hilfreich, wenn es um junge Straftäter geht, erst recht nicht, wenn die schon mehrfach aufgefallen sind. Manche kriminelle Entwicklung junger Menschen hätte bei frühzeitigem, beherztem Eingreifen entschlossener Gerichte verhindert werden können. Und zwar ohne Bewährung. Möglicherweise muss der Gesetzgeber an dieser Stelle aktiv werden, wenn Gerichte es einfach nicht einsehen wollen.

Junge Menschen verstehen Bewährung jedenfalls dann als Freispruch, wenn damit kaum Auflagen verbunden sind und deren Einhaltung nicht oder nur unzureichend überwacht wird. Und Menschen aus anderen Kulturen kennen dieses Rechtsinstrument häufig überhaupt nicht. Manche glauben gar, die Polizei wende einen Trick an oder will sie überlisten, sie können es gar nicht fassen, immer und immer wieder entlassen zu werden, einfach in die Freiheit gehen zu können, ohne dass es eine spürbare Reaktion des Rechtsstaates gibt. Und wer der Bevölkerung glauben machen will, das Personal der Bewährungshilfe reiche aus, um tatsächlich die notwendige engmaschige Betreuung von Straftätern »auf Bewährung« sicherzustellen, streut ihnen Sand in die Augen.

Es ist keine Besonderheit, dass sich ein einziger Bewährungshelfer um hundert Menschen kümmern muss, da kann man froh sein, wenn er seinen Schützling einmal im Monat zu sehen bekommt. Dass der abenteuerliche Weg der Entstaatlichung der Bewährungshilfe falsch war, haben jetzt auch die Entscheidungsträger in Baden-Württemberg verstanden. Privatisieren, sparen, nur nicht investieren, das sollte der Weg sein. Und wie bei anderen Modellen, bei denen Politik kurzfristig sparen will und deshalb privatisiert, hat sich auch dieses Modell als Rohrkrepierer mit erheblichen Mehrkosten erwiesen.

Glücklicherweise hat man nach Jahren des Irrwegs nun die richtige Richtung eingeschlagen. Knast ist eben nicht immer der falsche Weg, sondern kann durchaus segensreiche Wirkungen entfalten. Natürlich nicht mit dem ausgebluteten Strafvollzug, in dem demotivierte, geschwächte und mies bezahlte Beschäftigte, die nicht wissen, wie sie die Dienstpläne besetzen können, arbeiten. Da zeigt er sich wieder: Unser kranker, schwacher, schlapper Staat, hilflos und zaghaft. Dabei könnte eine gut ausgestattete Justiz mit gut ausgebildeten Kräften im Vollzugsdienst, sachgerechten Angeboten und Konzepten, Rückfallquoten und -gefahren erheblich mindern. Auch dies wäre Opferschutz und Resozialisierung aus einem Guss, eine hoheitliche Staatsaufgabe ersten Ranges. Stattdessen lassen sich ahnungslose Politiker von geldgeilen Unternehmensberatern teure Konzepte aufschwatzen, mit denen sogar Haftanstalten privatisiert werden sollen.

Was Polizisten zur Verzweiflung bringt

Es waren politische Entscheidungen, die dazu geführt hatten, dass gefährliche Verbrecher, die in Sicherungsverwahrung saßen, freigelassen und anschließend von der Polizei bewacht werden mussten, teilweise mit riesigem Personalaufwand über lange Zeit. Dabei war absehbar, dass der Europäische Gerichtshof die schlichte Fortsetzung der Strafhaft als Sicherungsverwahrung nicht zulassen würde. Trotzdem investierte niemand in vernünftige Unterbringung dieser »tickenden Zeitbomben«. Genau das ist der häufigste Vorwurf, der der Politik immer wieder gemacht werden muss, dass sie selten vorausschauend agiert, immer nur reagiert, wenn es zu spät ist.

Die deutsche Justiz konnte in diesem Zusammenhang kaum anders handeln, sie musste sich an die Entscheidungen europäischer Richterinnen und Richter halten. Und natürlich ist es auch eine Folge knapper personeller Ressourcen der Justiz, wenn Verdächtige nach sechs Monaten aus der Untersuchungshaft entlassen werden müssen, weil es keine Zeit gab, rechtzeitig Anklage zu erheben. Es gibt aber auch erhebliche Zweifel daran, dass die Justiz die notwendigen Warnsignale setzt und die Politik zum Handeln, notfalls öffentlich, zwingt.

Richtig ärgerlich, und für die Einsatzkräfte der Polizei mitunter lebensgefährlich, sind immer wieder Entscheidungen im Zusammenhang mit Auflagen und Versammlungsverboten, etwa bei Demonstrationen, die einen gewalttätigen Verlauf zu nehmen drohen. Der Beschluss ist rasch formuliert, ihre Autoren reisen ins Wochenende und die Polizei muss mit den Folgen leben, steht im Steinhagel linker und rechter Chaoten. Richtig wäre es, wenn die Damen und Herren Richter sich am Wochenende im Einsatzraum aufhielten und die Folgen ihrer Entscheidung miterleben würden.

Auch andere Entscheidungen erschüttern immer wieder die Öffentlichkeit, Opfer und Zeugen von Straftaten empören zu Recht die Öffentlichkeit. Die normalen Bürgerinnen und Bürger fassen sich an den Kopf und wissen, der Rechtsstaat lässt sie im Stich, niemand sieht die Gefahr.

In Köln verurteilte das Landgericht zwei junge Männer zu Bewährungsstrafen und Sozialstunden. Die Staatsanwaltschaft hatte Haftstrafen gefordert. Bei einem spontanen Rennen, das die beiden Männer vor einem Jahr veranstaltet hatten, war einer der Wagen von der Straße abgekommen und hatte eine neunzehnjährige Radfahrerin erfasst, die an ihren Verletzungen starb. Das Gericht hielt den Angeklagten zugute, dass sie das Rennen nicht geplant und außerdem nicht unter Drogen gestanden hatten. Im Laufe der Verhandlung wurde bekannt, dass die Täter sich vor allem um die teuren Felgen ihres Autos sorgten.

Ein Raser tötete eine Sechzigjährige, als er mit 110 Stundenkilometern durch Heepen bei Bielefeld raste und in das Auto der Frau krachte. Die Staatsanwaltschaft warf ihm fahrlässige Tötung vor. Darauf stehen bis zu fünf Jahre Gefängnis. Doch der Richter verurteilte ihn zu neun Monaten auf Bewährung.

In anderen europäischen Rechtsstaaten wandern solche Raser in den Knast und zwar für Jahre – so muss das auch sein. Wer Autorennen veranstaltet und Menschen in Gefahr bringt, sollte zum Fußgänger-Dasein verdonnert werden und anschließend einige Jahre brauchen, bis die Raten für die Geldstrafe beglichen sind – das wäre ein starker Rechtsstaat. Was wir haben, ist teilweise lächerlich, grotesk und furchtbar für die Opfer und ihre Angehörigen.

Mehdi E.-B. und Otman K. stehen im Verdacht, in Köln am Silvesterabend Frauen sexuell belästigt und beklaut zu haben. Wegen eines Trickdiebstahls an einem anderen Tag, werden sie einem Richter vorgeführt. Die Behörden hatten kaum Zeit, um Ermittlungen anzustellen, weil es sich um ein Eilverfahren handelte. Fragen nach den Kontakten und den Lebensumständen der Täter konnten nicht geklärt werden. Da der Stand der Informationen mehr als dürftig und die Justiz ahnungslos ist, verurteilt die Richterin die Männer trotz der Anklage wegen eines gewerbsmäßigen Diebstahls schließlich nur wegen eines einfachen Diebstahls zu einer Woche Jugendarrest. Ermahnungen gibt sie ihnen mit auf den Weg.

Tatsächlich gehen die gerade noch so reumütigen Trickdiebe schon wenige Minuten später lachend, feixend und mit dem »Stinkefinger« in Richtung Polizei aus dem Gericht. Die Täter waren Asylbewerber, erst seit kurzer Zeit in Deutschland. Sie spazierten an den entsetzten Polizistinnen und Polizisten vorbei in die Freiheit und haben längst jegliche Achtung, jeglichen Respekt vor dem Land verloren, das sie gerade beherbergt. Sie hatten ohnehin wenig übrig für unsere Rechtsordnung, sonst hätten sie die Taten gar nicht erst begangen.

Zwei Möglichkeiten sind für eine SMS dieser beiden Straftäter an ihre Freunde denkbar:

> *Die Deutschen sind verrückt. Nach einer Woche im Knast mit drei Mahlzeiten und jeder Menge Spaß haben die uns wieder laufen gelassen. Wir treffen uns heute Abend am Hauptbahnhof.*

Oder diese Variante:

> ***Mist, wir sind wieder in Algerien, die haben unsere DNA, Fingerabdrücke, Fotos und lassen uns nicht mehr nach Europa zurück.***

Vorstellbar ist eigentlich nur Variante Eins, obwohl Variante Zwei die richtige wäre. Schon deshalb müsste das so sein, weil die Ablehnung des Asylantrages ohnehin als sicher gilt. Nur zwei von 2605 bearbeiteten Anträgen von Angehörigen aus nordafrikanischen Staaten wurden bisher positiv beschieden. Natürlich, für eine solche Rechtsfolge muss der Gesetzgeber die nötigen Voraussetzungen schaffen. Und genau das muss er jetzt endlich tun! Es ist seine Aufgabe, sonst eröffnen wir weitere Kriminalitätsfelder und produzieren immer mehr Täter und vor allem Opfer. Der Bundesjustizminister hat ja recht, wenn er schnellere Abschiebungen fordert, aber wie die Kanzlerin überschätzt er die Möglichkeiten der Länder und Kommunen erheblich. Und besser werden sie nicht, im Gegenteil. Auch in der Krise haben manche Landesregierungen nichts Besseres zu tun gehabt, als über weitere Personaleinsparungen nachzudenken. Der Staat spart sich weiter kaputt.

Eine besonders naive Form der Überwachung gefährlicher Täter ist die Aussetzung der Strafe zur Bewährung und der gleichzeitigen Auflage, eine Fußfessel zu tragen. Damit werden sogar Totschläger, Vergewaltiger und terroristische Gefährder auf unsere Bevölkerung losgelassen. Eigentlich ist es nur ein erweitertes Babyphone, mit dem wir diese tickenden Zeitbomben frei herumlaufen lassen. Und natürlich werden trotz Fußfessel immer wieder schreckliche Straftaten begangen. Ein Umdenken gibt es immer noch nicht. Ist ja auch bequem. Die Polizei muss ran, wenn der Alarm ausgelöst wird, der Profit des Betriebs der

Fußfessel wird von einem privaten Unternehmen eingestrichen, Politik und Justiz sind fein raus, das Risiko tragen Bevölkerung und Polizei.

Intensivtäter – Karussell ohne Ausweg?

Machen wir uns nichts vor, das Phänomen der »NAFRI« in unseren Großstädten, nordafrikanische Intensivtäter, die sich um unser Rechtssystem einen Dreck scheren, um unsere Werte, unsere Gesetze, die stehlen, rauben, prügeln, vergewaltigen und diesen Staat verachten und verlachen, werden wir nicht in den Griff bekommen, wenn nicht neue Instrumente des harten und konsequenten Durchgreifens geschaffen werden. Integration kann gelingen bei denjenigen Menschen, die das wollen und das ist bei diesen erkannten Intensivtätern aus Nordafrika regelmäßig nicht der Fall. Sie sollten das Asylverfahren und die Rückkehr in ihr Heimatland nicht in Freiheit abwarten dürfen, sondern mit dem ersten Urteil sofort in Abschiebehaft kommen. Das muss der Gesetzgeber regeln, die Gerichte können das nicht, sie werden das nicht leisten. Und wo die entsprechenden Haftanstalten geschlossen wurden, müssen sie wieder eröffnet werden. Das ist wichtiger als überflüssige Flughäfen, auch in der Hauptstadt. Und selbstverständlich gilt dies nicht allein für »NAFRI«, sondern genauso für georgische Einbrecher, albanische Drogendealer und alle anderen Straftäter, die mit unserer Rechtsordnung nichts anzufangen wissen und vor denen die rechtstreue Bevölkerung in Deutschland, einschließlich der hier friedlich und rechtstreu lebenden Menschen, die aus dem Ausland zu uns gekommen sind, um unseren Schutz zu suchen, geschützt werden müssen.

Man kann noch eine Zeit lang so weitermachen und diese Täter frei herumlaufen lassen. Integrieren werden sie sich nie, wer das erzählt, ist ein Narr. Auch das beste Integrationsgesetz wird sie nicht dazu zwingen, wie denn auch. Aber es sind andere Konflikte zu erwarten, die Menschen werden sich wehren. Das Netz ist voll von Aufforderungen, sich endlich diesen Gruppen wirksam entgegenzustellen, erste Anzeichen gibt es bereits und niemand wird verhindern, wenn hier neue Gewalt außerhalb des staatlichen Gewaltmonopols entsteht. Niemand kann das wollen, aber es wird so kommen. Wer als Opfer in einer Situation gewesen ist, in der man die ganze Hilflosigkeit des Staates spürt, der wird wenig auf das Gerede von Willkommenskultur geben, der will Schutz vor diesen Tätern und das nicht irgendwann, nicht mit schönen Sprüchen, nicht mit Projekten oder Sprachkursen, sondern sofort, effektiv und konsequent. Und das mit Recht.

Hauptstadt Berlin. Rund 200 Haftbefehle, so die Berliner Staatsanwaltschaft stolz, hätten acht Staatsanwälte in einem Jahr gegen Drogendealer im Görlitzer Park in Berlin erwirkt. Erwirkt. Die Situation dort ist seit Jahren unverändert, die Drogenszene hat die bekannteste Grünanlage der Hauptstadt fest im Griff. 144 Täter seien zu einem Freiheitsentzug verurteilt worden, die Verurteilungsquote liege bislang bei 94 Prozent. Täter sind fast ausschließlich Afrikaner aus unterschiedlichsten Regionen ihres Kontinents; die Szene ist gut organisiert und streng gegliedert. Die eingesetzten Polizistinnen und Polizisten leisten eine grandiose Arbeit. Geld und Drogen für mehr als eine Million Euro wurden in wenigen Monaten sichergestellt, rund um die Uhr sind sie im Einsatz, ermitteln, beobachten, recherchieren und nehmen immer und immer wieder Täter fest, weisen ihnen etliche Delikte nach. 54 000 Einsatzstunden der Polizei wurden erbracht, Staatsanwälte sind im Dauereinsatz, die aufwändige Beweissicherung führt immer wieder zu Urteilen. Die Täter sind alle noch da.

Man habe »eine Verfestigung und Ausweitung des Drogenhandels verhindert« – das ist die Antwort eines schwachen Staates. Eines Rechtsstaates, der sich nicht wehrt, der mit vermeintlich starken Worten und ohne wirklich scharfe Waffen den Rechtsstaat lediglich spielt, wie eine Theatervorführung, die dann zu Ende ist, wenn die wenigen Monate oder Wochen abgesessen sind und die Täter wieder in Freiheit an die Arbeit gehen und die nächste Vorstellung vorbereiten. Die Einsatzkräfte der Polizei müssen sich dann zusätzlich von »Sicherheitspolitikern« Vorwürfe machen und sich sagen lassen, was sie alles falsch gemacht haben und dass sie ihr Handwerk nicht verstehen. So geht unser Land mit denjenigen um, die für Sicherheit sorgen sollen und ihre ganze Kraft dafür aufwenden.

Hamburg. Am Ende einer aufwändigen und erfolgreichen Ermittlungsarbeit der »Soko Castle« der Hamburger Polizei steht die Ermittlung von 87 Tätern. Einer davon war bereits achtzehn Mal verurteilt worden, ein anderer immerhin elf Mal. Mehr als dreißig sind bislang verurteilt, niemand muss in den Knast. Das ist Gesetzesverweigerung durch die Justiz und macht die Arbeit der Polizei kaputt. Der Rechtsstaat zeigt sich wieder einmal als zahnlos, schwach und inkonsequent. Öffentlichkeit und Opposition in der Hansestadt waren zu Recht empört, denn mit Rechtsfrieden haben solche Urteile nichts zu tun. Und sie lassen sich auch nicht mit schlechter Personalausstattung der Justiz entschuldigen, die es zweifellos gibt.

Geht doch – Der Rechtsstaat zeigt Zähne

Ein 33-jähriger Schifffahrtsoffizier hatte am Rande eines Hansa Rostock-Heimspieles gegen Dynamo Dresden Steine auf Polizisten geworfen und einen Beamten verletzt. Obwohl er während der Tat vermummt gewesen war, sah das Gericht es als erwiesen an, dass er der Steinewerfer war und verurteilte ihn wegen schwerer Körperverletzung zu vier Jahren und fünf Monaten Haft. Es stützte das Urteil vor allem auf Videoanalysen.

In Hof, Bayern, wurde ein 22-jähriger Mann wegen sexueller Nötigung und vorsätzlicher Körperverletzung zu dreieinhalb Jahren Haft verurteilt. Der Angeklagte hatte eine 29-jährige Frau am Neujahrsmorgen festgehalten und derart zwischen den Beinen und an der Brust begrapscht, dass er der Frau unter anderem Blutergüsse zufügte. Der Täter war kurz nach dem Überfall von der Polizei festgenommen worden. Der Richter in Hof erklärte selbst, dass das Urteil vergleichsweise hart ausgefallen sei – begründete dies aber damit, dass es zur Abschreckung und Generalprävention nötig sei. Immerhin habe der Angeklagte ein umfassendes Geständnis abgelegt, sodass seinem Opfer eine intensive Zeugenbefragung erspart geblieben sei.

Nachdem die Polizei in einer Lagerhalle eine riesige Drogenplantage mit um die 4000 Cannabispflanzen entdeckt hatte, wurde ein 54-jähriger Buchholzer zu zehneinhalb Jahren Haft verurteilt. Das Gericht sah es als erwiesen an, dass er Beziehungen, Geld und Know-how beigesteuert haben soll. Ein 34-jähriger Hamburger wurde zu siebeneinhalb Jahren Gefängnis verurteilt. Er soll vor allem beim Anbau der Pflanzen beteiligt gewesen sein, in einer Menge, die laut Vorsitzendem Richter »nichts zu tun hat mit dem Hobbygärtner im Keller«.

Ein vierzigjähriger Familienvater aus Drochtersen wurde zu sechs Jahren und sechs Monaten Haft mit anschließender Sicherungsverwahrung verurteilt. Das Stader Landgericht sah es als erwiesen an, dass der Mann ein damals fünfjähriges Mädchen sexuell missbraucht hatte. Das Gericht näherte sich mit seinem Urteil der Forderung der Staatsanwaltschaft und der Nebenklage nach einer Haftstrafe von sieben Jahren und Sicherungsverwahrung stark an.

Reue und Tränen halfen H. K. nicht, nachdem sie vermummt und bewaffnet einen Schreibwarenladen in der Brückenstraße in Berlin-Mitte überfallen hatte. Wegen besonders schwerer räuberischer Erpressung und Verstoßes gegen das Waffengesetz verurteilte sie das Landgericht zu fünf Jahren und neun Monaten Haft. Ein hartes Urteil.

Die Justiz in Deutschland kann hart strafen und gelegentlich tut sie das auch. Aber sie verweigert sich viel zu häufig, durch gute Urteile Signalwirkungen zu entfalten und die richtigen Botschaften zu senden. Pauschale Justizschelte greift trotzdem häufig zu kurz. Vergegenwärtigt man sich die fatale personelle Situation und sächliche Ausstattung, muss man sogar fast noch Bewunderung aufbringen für die vielen Einzelkämpferinnen und -kämpfer, die tagtäglich als Einzelrichter ihre Arbeit tun und dabei immer wieder dieselben Gesichter sehen.

Eine solche Einzelrichterin äußert im Interview ganz offen, es sei ein starker Anstieg von beschleunigten Verfahren zu verzeichnen, die zu fast 100 Prozent »Flüchtlingen« zuzuschreiben sind. Typischerweise ginge es um Delikte wie Diebstahl, Widerstand, Beleidigung, Drogen. Beim sogenannten »Antanzen« seien Syrer unterrepräsentiert. Probleme gäbe es mit Nordafrikanern, Georgiern und Balkan-Flüchtlingen. Die Kosten für Dolmetscher wüchsen stark.

Das ist eine Stimme aus der täglichen Praxis unserer Gerichte und Staatsanwaltschaften, die auszubaden haben, was übertriebene Willkommenskultur kombiniert mit verantwortungsloser Kürzungspolitik anrichtet. Und was diejenigen verursachen, die mit falschen Signalen Menschen nach Deutschland holen. Denn aus falschen Informationen erwächst natürlich ein Anspruchsdenken, dass völlig irreal ist und noch zu großen Problemen führen wird.

Die Richterin sagte zudem, das Anspruchsdenken sei bei einigen hoch. Ein Dieb habe erklärt, die Beute verkaufen zu wollen, um schön essen zu gehen, denn in einer Flüchtlingsunterkunft sei die Bedienung schlecht. Ein anderer habe Kaviar, Champagner und dergleichen für über 500 Euro gestohlen, um zu picknicken.

Unsere Richterinnen und Richter sind gut ausgebildet, haben umfassende juristische Kenntnisse und sind unabhängig. Unfehlbar sind sie nicht. Deshalb ist der Gedanke, dass Richter und ihre Urteile nicht kritisiert werden dürfen, kompletter Unsinn. Natürlich darf man das. Urteile greifen in unser Leben ein, gestalten unsere Gesellschaft, entfalten Signalwirkung. Und was noch wichtiger ist: Sie werden im Namen des Volkes gesprochen.

Lieber Rechtsstaat, mit dir bin ich fertig

Mit der Straftat beginnt eine Art Dialog des Rechtsstaates mit dem Opfer der Tat. Denn das Opfer hat eine Erwartungshaltung an den Rechtsstaat. Die Täter sollen bestraft werden und der Rechtsstaat soll vor weiteren Straftaten schützen. Die Interaktion findet also nicht wirklich wörtlich statt, aber sie ist real. Während das Opfer unter dem Eindruck des Geschehens geschockt, fast gelähmt und häufig lange traumatisiert ist, muss der Rechtsstaat professionell und trotzdem mitfühlend reagieren, er ist dem Opfer verpflichtet.

Der Sachverhalt: Eine Frau wird von einer Gruppe junger Männer mitten in der Öffentlichkeit am helllichten Tag umringt, bestohlen, begrapscht, gedemütigt, beleidigt und bedroht. Abgesehen von den körperlichen Attacken, die häufig den schlimmsten Teil der Tat ausmachen, sind Geldbörse und Handy weg. Die herbeigerufene Polizei nimmt die Verfolgung der Täter auf, kann sie zunächst nicht festnehmen, aber wenige Tage später ermitteln. Es sind alte Bekannte. Die Personen werden eindeutig als die Täter identifiziert, die Beute ist unauffindbar. Die Polizei nimmt die Personalien der Täter auf und nach kurzer Rücksprache mit der Staatsanwaltschaft werden diese entlassen. Sie sind aus früheren Straftaten bekannt und aktenkundig.

Der nun beginnende Dialog mit dem Opfer ist zunächst formeller Art, Zeugenbefragung, Anzeigenaufnahme, Gegenüberstellung. Von da an beginnen die nicht ausgesprochenen Botschaften zwischen Opfer und den verschiedenen Trägern des Rechtsstaates, die hier einmal in einem imaginären Austausch in Worten wiedergegeben werden sollen.

Zunächst die unausgesprochene Botschaft von Polizei und Staatsanwaltschaft:

»Liebes Opfer, es tut uns leid, dass wir nicht zur Stelle waren, um die Tat zu verhindern. Und was noch schlimmer ist, wir werden auch beim nächsten Mal vermutlich woanders im Einsatz sein. Aber wir haben die Personalien der Täter aufgenommen und fertigen jetzt einen Vorgang. Wir können die Täter leider nicht aus dem Verkehr ziehen und müssen sie wieder in die Freiheit entlassen. So ist das nun einmal, die Gesetze wollen das so. Im Übrigen kannst du dich darauf verlassen, dass der Vorgang in den nächsten Monaten bearbeitet werden wird, er hat jetzt eine Vorgangsnummer. Allerdings kann das dauern, sogar einige Monate …«

Das Gericht sagt unausgesprochen:

»Also, liebes Opfer, Untersuchungshaft für die Beschuldigten geht nicht, sie stehen namentlich fest, einen festen Wohnsitz gibt es auch, die Unterkunft für Asylbewerber gilt als solcher. Den Wohnsitz nach der Beute zu durchsuchen ist unverhältnismäßig, das lassen wir mal. Die Untersuchungshaft ordnen wir nicht an, sie ist nicht zur Gefahrenabwehr da, sondern zur Sicherung des Strafverfahrens, und das kriegen wir hin. Dich beschützen? Also, das ist Sache der Polizei.«

Der Bundesgesetzgeber, vertreten durch eine große sozialdemokratische Koalition aus CDU/CSU und SPD, verstärkt durch Bündnis 90/Die Grünen und Die Linke, äußert sich – sich nicht äußernd – in etwa so:

»Also, liebes Opfer, wir sind mit dir geschockt, empört und erschüttert über die Brutalität der Tat. Deshalb erwarten wir, dass der Rechtsstaat mit aller Härte des Gesetzes reagiert! Du hast mitbekommen, dass die Täter Nordafrikaner waren. Aber das bedeutet nicht, dass alle Afrikaner so sind. Außerdem gibt es auch Deutsche, die so etwas machen. Deshalb bitte nicht pauschalisieren, das wäre Diskriminierung und nicht in Ordnung. Und rein statistisch gesehen bedeutet die Tat sowieso nichts, es ist nur ein ganz geringer Prozentsatz der Afrikaner, die so etwas machen. Statistisch gesehen bist du also eigentlich gar kein richtiges Opfer, sondern eine absolute Ausnahme. Vielmehr musst du bitte berücksichtigen, dass diese Menschen bei uns vor Verfolgung Schutz suchen. Diese Prüfung kann ein paar Jahre dauern. Wie bitte? Die kommen aus einem deutschen Urlaubsland? Das heißt gar nichts. Wir heißen sie auf jeden Fall willkommen und du gefälligst auch! Außerdem handelt es sich um junge Männer, die kulturell entwurzelt und etwas überfordert sind. Das musst du berücksichtigen. Wir haben schließlich alle eine Bringschuld diesen Menschen gegenüber, denn wenn die nicht integriert sind, haben wir sie vermutlich ausgegrenzt, das muss sich ändern. Übrigens, wir bräuchten künftig etwas mehr Geld von dir, das kostet alles eine Menge, das sind ja sehr viele, die im vergangenen Jahr dazu gekommen sind. Klar, die Täter, die dich überfallen haben, sind schon seit vielen Jahren hier in unserem Land und mit ihnen Tausende andere, die über viele Städte verteilt sind, aber daran sieht man ja, dass das mit der aktuellen Flüchtlingskrise nichts zu tun hat. Also, liebes Opfer, wir sind ein weltoffenes und tolerantes Land, wir diskriminieren niemanden und verlassen uns auf den stabilen Rechtsstaat. Wie bitte? Wer dich vor diesen Leuten beschützt? Also, da sind wir jetzt gar nicht zuständig, das sind die Länder. Bitte 110 anrufen, die Polizei kommt dann.«

Der Landesgesetzgeber meint, ohne es auszusprechen:

»Liebes Opfer, wir stehen voll und ganz hinter dir und werden mit der ganzen Kraft des Rechtsstaates für Aufklärung sorgen! Wir müssen da noch mehr Sprach- und Integrationskurse anbieten, wir arbeiten da an ganz interessanten Projekten. Diese Leute haben es schon schwer bei uns, sie sind aus ihrer Heimat geflohen und kommen gar nicht zurecht, bitte also etwas mehr Geduld. Wir können diese gefährlichen Leute auch nicht einsperren, Abschiebehaftanstalten sind teuer und die Schuldenbremse, also, du weißt schon. Na ja, wenn irgendetwas ist: Einfach 110 anrufen, die Polizei kommt.«

Die örtlich zuständige Polizeidienststelle hat zu sagen, sagt es aber nicht:

»Liebes Opfer, wir kommen natürlich so schnell wie möglich, wenn wir angerufen werden. Trotzdem kann das etwas dauern, denn es sind kaum Leute da. Aber wenn wir dann da sind, nehmen wir gerne deine Angaben und die Personalien der Täter auf. Und den Vorgang dazu werden wir mit größter Sorgfalt fertigen. Übrigens, liebes Opfer, danke für deine Mitteilung und die präzise Täterbeschreibung. Du bist gleich zwei Mal in unserer Statistik, denn die Tat ist ja nicht nur passiert, sondern gleich noch aufgeklärt. Einsperren können wir die Täter leider nicht, das hatten wir ja schon mal, der Rechtsstaat, du weißt schon.«

Und auch die Täter (denen das Opfer schon am Tag nach der Tat an derselben Örtlichkeit begegnet und die ihr frech ins Gesicht grinsen), schicken unausgesprochene Botschaften an das Opfer:

»Liebes Opfer, da hast du deinen Rechtsstaat. Aber wir haben die Beute und unsere Freiheit. Niemand kann dich vor uns schützen, wir machen, was wir wollen, und zwar schon seit Jahren. Jetzt ist noch jede Menge Nachwuchs gekommen, die haben schnell kapiert, wie das hier läuft. Und wenn es schiefgeht, können wir uns immer noch auf die Religion berufen, das zieht immer. Und das Asylverfahren interessiert uns sowieso nicht. Erst einmal bleiben wir ein paar Jahre hier. Und wenn wir dann raus sollen, wechseln wir die Identität, nichts geht leichter in diesem Chaos. Und stellen einen neuen Antrag. Irgendwas geht immer, du wirst uns nicht los.«

Und natürlich reagiert das Opfer, das könnte sich dann unausgesprochen so anhören:

»Lieber Rechtsstaat, das hast du also zu meinem Schutz zu bieten? Vorgangsbearbeitung und Einstellungsverfügung, Ermahnungen, Belehrungen und die Täter bleiben draußen? Mit dir bin ich fertig, du kannst mich mal. Und Deine Superkoalition übrigens gleich mit. Das sage ich natürlich nicht öffentlich, ich will schließlich nicht als fremdenfeindlich und zu weit rechts und womöglich als Nazi gebrandmarkt werden. Aber in der Wahlkabine, wenn ich da überhaupt noch hingehe, da bin ich alleine. Da werde ich mich in aller Ruhe danach umsehen, was es noch für Angebote auf dem Markt gibt. Selbst wenn die es vermutlich auch nicht besser können, schlimmer geht es kaum noch.«

Und damit schließt der Dialog zwischen dem Opfer und seinem Rechtsstaat. Der Sachverhalt war frei erfunden, aber die Richtung des Dialoges nicht, er findet zigtausendfach statt. Weil die Menschen zwar viel an Programmen, Verträgen, Vereinbarungen, Plänen und Gesetzen hören, aber auf ihre einfachen Fragen keine Antworten erhalten. Sie wollen geschützt sein und haben Anspruch darauf. Der Rechtsstaat darf eben nicht nur diejenigen schützen, die Personenschutz haben. Tut er das nicht, wenden die Menschen sich ab. Und viele sind schon weg.

Kaputtgespart – Willkommen im schlanken Rechtsstaat

Voller Stolz verkündete vor wenigen Wochen ein deutscher Justizminister, dass Gerichte künftig online kommunizieren, Daten und Informationen austauschen können. Hätte nur noch gefehlt, dass er es für grandioses Regierungshandeln hält, die Justiz mit Büroklammern und Faxgeräten auszustatten. Wer in manche Büros unserer Staatsanwaltschaften schaut, wird zurückversetzt in eine Zeit, die viele von uns gar nicht oder allenfalls in frühester Kindheit erlebt haben. Möbel und Ausrüstung mit dem Charme des Gelsenkirchener Barocks, triste Schreibtische mit staubigen Aktenbergen, verzweifelte Beschäftigte am Ende ihrer Kräfte. Der Staat hat sich schlank gemacht, hier ist er schwindsüchtig, krank, überfordert. Würden nicht auch engagierte Rechtspfleger, Amts- und Staatsanwälte wie Don Quijote gegen die Windmühlen der Kriminalität ankämpfen, wären wir längst kein

Rechtsstaat mehr, dann hätte das Recht des Stärkeren längst gesiegt. Aber wir sind auf dem besten Wege dazu. Kriminelle haben die »Bereinigung ihrer Angelegenheiten« längst in die eigene Hand genommen, Autos explodieren, Schüsse fallen, Messer werden gezückt und benutzt, Fäuste fliegen und Rockerbanden und andere kriminelle Gruppen leisten sich regelrechte bewaffnete Straßenkämpfe, daran haben wir uns fast gewöhnt.

Fliegt in Freiburg eine Handgranate auf das Gelände eines Flüchtlingsheimes, hält die Republik den Atem an. Hoffentlich kein Nazi-Anschlag! Dann Entwarnung, es war nur ein kriminelles Unternehmen aus dem Sicherheitsgewerbe, das gegen ein anderes um Marktanteile kämpft. Ach so, na, dann geht's ja.

Längst berichten Medien von kriminellen Clans, die sich die Schwäche öffentlicher Strukturen zunutze machen, Sicherheitsunternehmen gründen und nach dem Motto »Wer die Tür hat, hat die Macht« vor und in Asylbewerberunterkünften für »ihre Ordnung« sorgen. Sie entsenden Dolmetscherinnen und kontrollieren damit die Ermittlungsarbeit der Behörden, sie vermieten Schrottimmobilien und kassieren Steuergeld, kontrollieren tut das niemand, sie sind mitten im Geschäft.

Und genauso, wie die Möglichkeiten der Vollzugsbehörden, für den Schutz der Menschen zu sorgen, immer weiter zurückgehen, zeigt sich auch der Rechtsstaat immer weniger wirksam. Personell ausgelaugt und technisch irgendwo in der Vergangenheit, hin- und hergerissen zwischen Rechtspflege und Kriminalitätsbekämpfung durch effektive und gute Urteile.

Nötig wären erhebliche Investitionen in Ausstattung und Ausbildung und ein deutliches Bekenntnis der Gesellschaft zu einer starken Justiz, ohne die ein Rechtsstaat nicht existieren kann. Und nötig sind mutige Richterinnen und Richter, die ihre Urteilspraxis immer wieder an der Lebenswirklichkeit testen und daran ausrichten. Und dann braucht es eben auch einen starken Strafvollzug, mit ausreichender Zahl an Beschäftigten, erheblich mehr Haftplätzen und einer personellen Ausstattung unserer Haftanstalten, die Resozialisierung tatsächlich auch möglich macht. Dazu zählt auch geschlossene Unterbringung straffälliger Jugendlicher, denn ob es uns passt oder nicht, wir werden sie nicht mit Freizeitspaß auf den richtigen Weg führen.

Mut macht dann doch noch ein Richter, der zwei zu Bewährung Verurteilten der Kölner Silvesternacht auf dem Weg in die Abschiebehaft mit auf den Weg gab: »Man kann nicht nach Deutschland kommen und schon nach wenigen Tagen versuchen, ein Auto aufzubrechen, wer in Deutschland Asyl will, der muss sich auch entsprechend benehmen.« Man kann es gar nicht laut genug sagen. Mehr solcher Richter brauchen wir.

Nur wenig mehr als 20 000 Richterinnen und Richter in Deutschland entscheiden Millionen von Verfahren in sämtlichen Rechtsgebieten, in Straf-, Zivil-, Arbeits-, Verkehrs-, Asylrecht und etlichen anderen, weniger bekannten Rechtsgebieten. Millionen Urteile ergehen abseits der öffentlichen Wahrnehmung und sind meistens tatsächlich nicht zu beanstanden. Rund 5 300 Staatsanwälte und Staatsanwältinnen stellen sich den etwa sechs Millionen Straftaten, die jährlich der Polizei bekannt gemacht, zur Anzeige gebracht und bearbeitet werden. Da machen sich die vom Deutschen Richterbund geforderten insgesamt 2 000 zusätzlichen Stellen für Richter und Staatsanwälte fast bescheiden aus. Und sie werden auch nicht reichen, um die Justiz wirklich nachhaltig zu stärken. Denn für eine neue Richterstelle werden auch entsprechende weitere Bearbeitungskräfte benötigt, Angestellte, Verwaltungskräfte, die die Arbeit der Gerichte überhaupt erst möglich machen. Rechtspfleger, Amtsanwälte, Gerichtsvollzieher und nicht zuletzt Kräfte im Justizvollzug dürften die Zahl der neu zu schaffenden Stellen für die Justiz insgesamt mindestens verzehnfachen. Und dazu gehört auch eine IT-Infrastruktur, die länderübergreifend ist und einheitlich, also das Gegenteil von dem, was in der Polizei mit ihren unzähligen verschiedenen Systemen und Anwendungen geschaffen wurde. Staatsanwaltschaften und Gerichte müssen auf Knopfdruck über sämtliche Informationen verfügen können, die über Beschuldigte gespeichert sind, damit ihnen eben nicht mit unschuldigem Augenaufschlag das Blaue vom Himmel heruntergelogen werden kann.

Das alles wird viel Geld kosten, aber ist notwendig, und zwar jetzt. Wenn die Politik sich nicht endlich dazu aufrafft, unsere Justiz wieder schlagkräftig und durchsetzungsstark zu machen, wird aus dem Sinkflug des Rechtsstaates ein Sturzflug werden. Dann wird es eine harte Landung geben, die wehtun wird. Und es wird schwer zu reparieren sein, was dabei kaputt geht.

Kapitel 6

Der Terror kommt nicht nach Deutschland – Er ist schon da

Nach dem ersten großen Terroranschlag in Deutschland werden wir ganz andere sicherheitspolitische Debatten führen, meint Wolfgang Bosbach, führender Innenpolitiker der Union, und es ist ihm uneingeschränkt zuzustimmen. Das ist die Tragik deutscher Gesellschaftspolitik: Solange keine Toten und Verletzten da sind, die Medien und Öffentlichkeit nicht starr vor Entsetzen auf brutale Terrorattacken schauen und die Verletzlichkeit unserer Gesellschaft deutlich wird, diskutieren wir lieber darüber, wie man die Sicherheitsbehörden an die Leine legen und noch schärfer überwachen kann, wie man den Nachrichtendiensten das Leben erschweren und ihren Aktionsradius möglichst begrenzen kann.

Als längst etabliertes Instrument in der politischen Auseinandersetzung hat sich der Gang nach Karlsruhe entwickelt. Wer keine parlamentarische Mehrheit hat oder nicht im Parlament ist, läuft gern zum Verfassungsgericht und verlagert die Auseinandersetzung dorthin. Die Richter nehmen das Angebot gerne an, den Sicherheitsbehörden bis ins kleinste Detail hinein ihre Arbeit vorzuschreiben und ihre Möglichkeiten einzuschränken. Dieser Weg in den Richterstaat ist für die

Demokratie fatal, denn er schwächt das Parlament und den Gestaltungsauftrag der Politik.

Auch das letzte Gesetz über die Befugnisse des Bundeskriminalamtes ist von den Karlsruher Richtern erheblich eingeschränkt worden, jetzt werden sich die Ermittler des Bundeskriminalamtes damit herumzuschlagen haben, die Übermittlung von Daten und die Erhebung von Informationen an sehr strenge Voraussetzungen zu knüpfen. Genau dies wurde von einigen Richtern in abweichenden Erklärungen auch als »überzogene verfassungsrechtliche Anforderungen in diesem Bereich« kritisiert. Man kann nur hoffen, dass der sogenannte »Kernbereichsschutz privater Lebensgestaltung« nicht irgendwann einmal dazu führt, dass möglicher Erkenntnisgewinn unterbleibt und er Terroranschläge möglich macht. Jedenfalls werden die Sicherheitsbehörden nicht müde, auf die Gefahren vor Terroranschlägen hinzuweisen. Fast haben wir uns daran gewöhnt, als berichteten die Fachleute aus anderen Ländern oder einer ganz anderen Welt. In Wahrheit ist das Deutschland, wo Hinweise auf Anschlagspläne an der Tagesordnung sind. Verhindert wurden etliche, dabei war auch Glück im Spiel. Darauf werden wir uns nicht immer verlassen können.

Hysterische Debatten – Mindestspeicherfristen

Fast hysterisch ist seit Jahren die Debatte um die sogenannte Vorratsdatenspeicherung, die zuletzt dazu geführt hat, der Polizei ein nahezu wirkungsloses Instrument zu geben, das uns gegenüber unseren Partnerländern hoffnungslos ins Hintertreffen geraten lässt. Selbstverständlich wird von Polizei und Nachrichtendiensten verlangt, sie mögen Terrorismus am besten schon verhindern, bevor er entsteht. Aber wenn ein Verdächtiger ermittelt ist, wird der Blick in seine Kommunikationsvergangenheit weitgehend verwehrt. Nach der Entdeckung des NSU war das Entsetzen groß und der Ruf nach »So etwas darf es nie wieder geben« laut. Aber nicht einmal die mehr als tausend Anschläge auf Asylbewerberunterkünfte in Deutschland und die dramatischen Entwicklungen im Bereich des gewalttätigen Rechtsextremismus sind ein Signal für die Gegner der Vorratsdatenspeicherung, jetzt der Polizei die Möglichkeit zu geben, einen neuen NSU frühzeitig zu stoppen und unter anderem mit diesem Ermittlungsinstrument die Chancen erheblich zu verbessern, dabei erfolgreich zu sein. Seit Jahren bekämpfen die Gegner mit harten Bandagen jede Verbesserung, das jetzt verabschiedete Gesetz ist wenig brauchbar und selbst diese geringen Möglichkeiten liegen schon wieder in Karlsruhe.

Man kann heute schon sicher davon ausgehen, dieselben Leute, die jetzt die Ermittlungsbehörden am liebsten taub und blind machen würden, werden die Ersten sein, die nach einem Terroranschlag laut »Polizeipanne!« rufen und die Frage stellen, warum das alles nicht hätte verhindert werden können. Es stimmt, trotz Vorratsdatenspeicherung konnten die Terroranschläge in Frankreich und Brüssel und anderswo nicht verhindert werden. Aber wer so argumentiert, ist unseriös unterwegs. Denn es geht vor allem darum, nach einer Tat weitere Anschläge zu verhindern, Netzwerke aufzuspüren, Mittäter zu fassen und Hintermänner zu identifizieren. Man wird sehen, wie die Debatten laufen, wenn der erste große Anschlag erst einmal vorüber ist und das kollektive Entsetzen und die Trauer die deutsche Öffentlichkeit in Atem halten. Vielleicht werden sich dann endlich die besonnenen und realistisch denkenden Kräfte in Politik und Justiz durchsetzen und das Instrumentarium der Polizei verbessern. Vielleicht wird endlich mehr als Betroffenheitsrhetorik und die Forderung nach »der ganzen Härte des Rechtsstaates« kommen, was wir alles seit Jahren kennen.

Vielleicht kommt dann ja endlich entschlossenes Handeln, längere Mindestspeicherfristen, leichtere technische Überwachung , mehr Personal für Beobachtungsmaßnahmen, Geld für intelligente Analysesoftware, die Mautdaten für Fahndungszwecke nach Terroranschlägen und die Bereitschaft, Hasspredigern endlich mit Entschiedenheit entgegenzutreten. Sicher darf man da nicht sein. Kennzeichnungspflicht für die Polizei und Politikspitzel, die als selbst ernannte »Unabhängige Ermittler« in den Dienststellen umherstreifen, das alles und einige andere Absurditäten stehen auf der politischen Agenda mancher Zeitgenossen, statt die Sicherheitsbehörden zu stärken und ihre Arbeit zu unterstützen.

Die Gefahr wächst – Das Misstrauen bleibt

Die Vergangenheit hat gezeigt, dass Polizei und Verfassungsschutz mit ihrem Instrumentarium ausgesprochen zurückhaltend und sorgfältig umgehen. Trotzdem hält sich in manchen politischen Kreisen hartnäckig ein hohes institutionelles Misstrauen gegen alles, was der Staat tut, und die Diskussion darüber, wie man tatsächlich wirksam gegen Terrorismus vorgehen will, ist vor allem davon geprägt, was alles nicht geht. Selbstverständlich hat der Innenminister recht, wenn er die Menschen in Deutschland auffordert, Veränderungen bei Mitmenschen, die auf zunehmende Radikalisierung hindeuten, auch den Behörden zu melden. Das ist keine Bespitzelung, das ist gesellschaftliche Verantwortung zur Abwehr terroristischer Gefahren. Das ist auch keine informelle Sozialkontrolle, sondern schafft die Möglichkeit, auf dieser Basis anschließend mit geschultem Blick hinzuschauen, statt nach einem Anschlag aus dem sozialen Umfeld zu erfahren, wie viele Veränderungen man in der Vergangenheit wahrgenommen hat, und dass es relativ leicht gewesen wäre, frühzeitig einzugreifen.

Natürlich ist es schwer zu erkennen, was sich in den Köpfen derjenigen abspielt, die sich radikalisieren und immer mehr abdriften in den Sog von Frustration, Ausgrenzung, mangelnder Anerkennung, und die auf der anderen Seite den Lockrufen des Kampfes gegen die »Ungläubigen«, der Anerkennung und Belohnung folgen. Aber es ist regelmäßig auch nicht so, dass es keine Anzeichen gibt. Absonderung und soziale Abgrenzung, eine andere Kleidung, religiöse Überbetonung des täglichen Lebens und viele andere Signale deuten darauf hin, dass Aufmerksamkeit und möglicherweise auch professionelle Intervention notwendig sind. Es gibt hervorragende Programme, Institutionen und Maßnahmen zum Thema »Radikalisierungsprävention« und auch zur Deradikalisierung von Menschen, die in dieses Milieu verstrickt sind. Solche Aktivitäten sind allemal wichtiger und zielführender, als ausländische Straftäter, die mit gezielter und organisierter Gewalt Angst und Schrecken verbreiten, mit erheblichem Aufwand zu Mitgliedern unserer Gesellschaft machen zu wollen. Es ist nicht erforderlich, dass alle Menschen, die zu uns gekommen sind, auch bei uns bleiben. Und solche Straftäter sind die Ersten, die gehen sollten.

Wie schwierig das ist, zeigt der Fall des ehemaligen Leibwächters von Osama Bin Laden, Sami A.. Der gefährliche Prediger soll zur Radikalisierung zweier Terroristen beigetragen haben, denen vorgeworfen wird, einen Anschlag mit einer Splitterbombe geplant zu haben. Der Verfassungsschutz weiß, dass von dem Mann eine generelle Gefahr ausgeht, er muss sich seit sechs Jahren täglich bei der Polizei melden und steht unter Beobachtung. Aber nach Tunesien abgeschoben werden darf er nicht, weil in dem deutschen Urlaubsland angeblich Verfolgung droht. Solcherlei Entscheidungen sind für die deutsche Öffentlichkeit nicht nur beunruhigend, sie befeuern die Debatten um terrorverdächtige Muslime und sind Brandbeschleuniger der rechten Szene. Auch die Diskussionen um die Klassifizierung von Tunesien,

Marokko und Algerien als sogenannte sichere Herkunftsländer und deren abschließende Ablehnung im Bundesrat durch Bündnis 90/Die Grünen sind ein einziges Konjunkturprogramm für Rechtspopulisten. Die Folgen sind sattsam bekannt und wurden in der Studie der Universität Leipzig »Die enthemmte Mitte« im Detail publiziert.

Dass Rechtsextreme zumeist AfD wählen würden, überrascht niemanden. Die NPD liegt am Boden und wird rasch aus den Parlamenten verschwinden; vermutlich wird sie längst nicht mehr da sein, wenn sich Bataillone von Juristen noch immer damit beschäftigen, sie zu verbieten. Andere Ergebnisse der Leipziger Studie sind da dramatischer. Etwa, dass der Hass auf bestimmte Gruppen wie Asylsuchende offen gezeigt und auch Gewaltbereitschaft nicht verschwiegen wird. Wenn jeder fünfte Befragte selbst zur Anwendung von Gewalt bereit sei und noch mehr Bürgerinnen und Bürger es begrüßen, wenn andere sie anwenden, ist das mindestens beunruhigend.

Die Bewertungen der Studie sind unterschiedlich und in der Tat ist die Überschrift und mancher Kommentar hierzu aufregender als der Inhalt selbst. Die Ermittlungsergebnisse nach Anschlägen auf Asylbewerberunterkünfte hatten bereits gezeigt, dass es eben nicht nur bekannte und gewaltbereite Rechtsextremisten sind, die zu solchen widerlichen Attacken bereit sind. Vielmehr – und das erschwert die Ermittlungsarbeit zusätzlich – sind viele Tatverdächtige polizeilich vorher kaum oder gar nicht in Erscheinung getreten und lassen sich trotzdem zu Brandanschlägen oder anderen Angriffen hinreißen. Das alles sind deutliche Anzeichen für eine überforderte Gesellschaft, in der Angst, Wut und andere Gefühle handlungsleitend werden.

Nirgendwo ist erkennbar, wie dem begegnet werden soll. Analysten sehen vor allem Bildungseinrichtungen in der Pflicht. Dass Bildung eine gute Voraussetzung dafür ist, undemokratischen Rattenfängern nicht auf den Leim zu gehen, ist eine Binsenweisheit. Aber das allein reicht nicht. Ein Staat, der seinen Bürgerinnen und Bürgern ständig das Gefühl vermittelt, nicht mehr in der Lage zu sein, ihren Schutz wirkungsvoll zu gestalten, kann nicht erwarten, dass diese in Demut verharren und darauf warten, was die Staatsführer ihnen als nächste Überraschung präsentieren. Sie erwarten endlich Antworten darauf, wie mit denjenigen umgegangen werden soll, die unsere Sicherheit bedrohen. Und es stärkt unsere Gesellschaft nicht, diejenigen in die Pflicht zu nehmen, die sich bedroht fühlen. Deshalb sind Pflichten zur Integration als Forderungen an Asylsuchende ein richtiger Schritt, ausreichend ist er nicht. Denn noch immer beantwortet auch das neue Integrationsgesetz nicht die entscheidenden Fragen danach, wie mit notorischen Rechtsbrechern umgegangen werden soll und wie verhindert wird, dass abgeschobene Personen nicht nach kurzer Zeit schon wieder unter uns leben.

Terrorabwehr an Flughäfen – Der Staat lernt nichts dazu

Offensichtlich spricht das Bundesinnenministerium bereits seit langer Zeit mit dem Flughafenbetreiber Fraport darüber, die hoheitlichen Luftsicherheitskontrollen von Passagieren und deren Gepäck, die bislang in der Verantwortung der Bundespolizei von beauftragten privaten Sicherheitsfirmen durchgeführt werden, auf dem größten und damit auch gefährdetsten deutschen Verkehrsflughafen nun komplett und vollverantwortlich durch den privaten Flughafenbetreiber selbst übernehmen zu lassen. Das ist angesichts der aktuellen Terrorbedrohung und nach den brutalen Anschlägen auf dem Brüsseler Flughafen skandalös.

Neuorganisation bei der Terrorabwehr im Luftverkehr ist unbedingt nötig, aber genau in umgekehrter Richtung, nämlich zurück in die Hände der Bundespolizei, das wäre der richtige Weg. Dass die einzig und allein der Terrorabwehr dienenden Luftsicherheitskontrollen nun komplett in die Hände eines auf Profit ausgerichteten privaten Flughafenbetreibers gelegt werden sollen, folgt immer noch dem Wunsch der Politik, staatliches Handeln möglichst nicht mehr selbst zu organisieren. Ausgerechnet bei der Terrorabwehr kann das brandgefährlich werden. Gerade jetzt, da Terrorgefahr Tag für Tag größer und Terroranschläge auch auf den internationalen Luftverkehr immer wahrscheinlicher werden, versucht sich das für Sicherheit zuständige Bundesinnenministerium dieser rein hoheitlichen Aufgabe und Verantwortung komplett zu entziehen. Es wird allerhöchste Zeit, die Terrorabwehr nicht nur wieder in die eigene Verantwortung, sondern auch in direktes staatliches Handeln zurückzuführen. Erste Ansätze dafür sind nun zum Glück erkennbar.

Jetzt wollen auch Innenpolitiker der SPD-Bundestagsfraktion, wie der Innenexperte Mahmut Özdemir, die Sicherheitskontrollen an den deutschen Flughäfen wieder in staatliche Hoheit überführen. Özdemir beklagt völlig zu Recht: »Die oftmals unzureichende Einarbeitung und Ausbildung des privaten Sicherheitspersonals bei Passagier- und Gepäckkontrollen stellt ein permanentes Sicherheitsrisiko dar.« Dies zeigen unter anderem immer wieder Überprüfungen der EU-Kommission an deutschen Flughäfen, die Deutschland im europäischen Vergleich nicht besonders gut aussehen lassen. Immer gibt es Klagen über den miserablen Ausbildungsstand privater Sicherheitsdienstleister, und daran sind eben nicht die betroffenen Fluggastkontrolleure, sondern die für die Aus- und Fortbildung verantwortlichen Stellen sowie der ständige Druck von außen auf die Kosten und die Schnelligkeit der Kontrollabwicklung schuld.

Zu der Verantwortung des Staates gehört es auch, endlich die nicht nur bei den Fluggesellschaften und den Luftfahrtverbänden ständig in der Kritik stehenden Luftsicherheitsgebühren abzuschaffen. Sie sind einer der Gründe, warum immer wieder der Druck hinsichtlich zwanghafter Kostenreduzierung und unzumutbarer Flexibilisierung von Arbeitszeiten der Kontrollkräfte erhöht wird. Das führt zwangsläufig zu Qualitätseinbußen, die wir uns bei der Terrorabwehr nicht leisten können, weil davon Menschenleben abhängen. Bei den bislang eher aus Kostensicht betrachteten Luftsicherheitskontrollen muss endlich wieder die Sicherheit erste Priorität haben. Deshalb wäre es notwendig, diese Aufgabe, die einzig und allein der Terrorabwehr diene, wieder komplett durch den Staat durchführen zu lassen. Damit würde auch die zu Recht kritisierte Fluktuation der Beschäftigten beendet. Auch dort lauert ein Sicherheitsrisiko, denn es besteht laufend die Gefahr, dass sicherheitsrelevante und sensible Arbeitsabläufe nach außen dringen. Deshalb müssen schnellstens bundespolizeiliche Luftsicherheitskräfte und auch zusätzliches Personal für die Aus- und Fortbildung eingestellt und moderne Fortbildungsprogramme eingeführt werden.

Natürlich muss man die Beschäftigten der privaten Firmen nicht entlassen. Diejenigen, die bislang gute Arbeit geleistet haben, könnten dabei nach entsprechenden staatlichen Qualitäts- und Zuverlässigkeitsüberprüfungen bei der Bundespolizei in den öffentlichen Dienst übernommen werden. Derzeit sind für die hoheitlichen Luftsicherheitsmaßnahmen in Deutschland die unter der Aufsicht der von BMI und BMVI arbeitenden Bundesbehörden Bundespolizei und Luftfahrtbundesamt sowie die Luftsicherheitsbehörden der Länder, allen voran die in Bayern hoch professionell tätigen staatlichen Luftämter, zuständig – das muss so bleiben. Die jetzt zuständigen Behörden machen alle einen hervorragenden und verantwortungsvollen Job. Man muss ihnen dafür nur endlich das notwendige eigene Personal und die entsprechende Ausstattung zur Verfügung stellen.

Polizei in professioneller Mission weltweit im Einsatz

Eine große Bedeutung hat in diesem Zusammenhang immer wieder auch die Diskussion darüber, wie die Verhältnisse in den Herkunftsländern von Asylsuchenden so gestaltet werden können, dass sie sich nicht auf ihre gefährlichen Reisen über Länder und Ozeane hinweg machen. Auch an dieser Stelle sind wir gut, aber viel zu schwach. Eine der wichtigen Aufgaben in den von Bürgerkrieg, Terror und Kriminalität geschüttelten Regionen der Welt ist die Herstellung sicherer Strukturen, die es den Menschen erlauben, ohne Drohung vor Gewalt und Unterdrückung ihr Leben zu führen und Teil ihrer Gesellschaft zu sein. Die Polizei aus demokratischen Ländern kann hierzu einen Beitrag leisten, auch Deutschland tut das seit vielen Jahren. Selbstverständlich werden sich deutsche Polizistinnen und Polizisten nicht hoch gerüsteten Terroristen und Kriegern entgegenstellen, aber sie können einen wirkungsvollen Beitrag zur friedlichen Lösung von Konflikten und zur Wiederherstellung von Sicherheits- und Ordnungsstrukturen leisten, die stabil sind und die Möglichkeit bieten, dass einheimische Sicherheitsbehörden die ethischen Grundlagen demokratischer Polizeiarbeit übernehmen und für ihre Arbeit nutzen.

Neben großen Flüchtlingsströmen wirken sich Terrorismus und Organisierte Kriminalität in Krisenregionen auch auf die Sicherheitslage in Deutschland aus. Und immer wieder sind auch häufig besuchte Ferienorte in Ägypten, Tunesien, der Türkei und anderen Ländern Anschlagsziele des islamistischen Terrors. Es wird vermutlich auch in Zukunft nicht immer gelingen, Islamisten davon abzuhalten, unter enttäuschten, perspektivlosen und wütenden Menschen Mitstreiter für ihre terroristischen Ziele zu gewinnen.

Die hohe Zahl nicht erfasster Zuwanderungen nach Deutschland bereitet nicht nur den Sicherheitsbehörden große Kopfschmerzen, sie sind auch Anlass für große Angst unter der Bevölkerung. Das Thema Wiedereinreise von Terrorkämpfern aus Syrien nach Deutschland war im Verlauf der Flüchtlingskrise zunächst etwas in den Hintergrund geraten, nach den Anschlägen von Frankreich und Belgien aber plötzlich wieder oben auf der Tagesordnung. Diese Anschläge und die Bedrohungsszenarien in Deutschland, die zur Absage verschiedener Veranstaltungen führten, beeinträchtigen das Sicherheitsgefühl der Deutschen dramatisch. Und nicht nur das. Es bestärkt die Konfliktparteien der Herkunftsländer auch hier, und immer wieder treffen gewaltbereite Gruppierungen aufeinander, während die Polizei dazwischen steht.

Die Innere Sicherheit in Deutschland wird nicht nur am Hindukusch verteidigt, wie der legendäre Fraktionsvorsitzende der SPD, Peter Struck, formulierte, sie wird auf der ganzen Welt verteidigt. Denn Terror und Organisierte Kriminalität sind nicht nur vielfach zusammengewachsen und stützen sich gegenseitig, sie sind vor allem global und müssen auch so bekämpft werden. Deshalb kommt sowohl internationalen militärischen Missionen als auch dem internationalen Einsatz von Polizeikräften eine wichtige Bedeutung zu.

Joachim Gauck hat es richtig gesagt: »Deutschland zeigt zwar seit Langem, dass es international verantwortlich handelt. Aber es könnte – gestützt auf seine Erfahrungen bei der Sicherung von Menschenrechten und Rechtsstaatlichkeit – entschlossener weitergehen, um den Ordnungsrahmen aus Europäischer Union, Nato und den Vereinten Nationen zu erhalten und zu entwickeln. Die Bundesrepublik muss dabei auch bereit sein, mehr zu tun für jene Sicherheit, die ihr über Jahrzehnte von anderen gewährt wurde.« Er meinte auch gezielte Friedensmissionen, zu denen Polizistinnen und Polizisten in vielen Ländern der Welt tätig sind. Kriege oder Bürgerkriege brechen immer mal wieder aus unterschiedlichsten Gründen aus. Deshalb gibt es die Herausforderung auch immer wieder, nach militärischen Auseinandersetzungen dafür zu sorgen, dass die Voraussetzungen für den Aufbau einer funktionierenden Verwaltung zur Stabilisierung der inneren Ordnung geschaffen werden.

Der Polizei kommt hierbei eine wichtige Funktion zu; insbesondere deutsche Polizistinnen und Polizisten genießen weltweit einen exzellenten Ruf. Sie sind professionell, zuverlässig, besonnen und genießen hohe Anerkennung für ihre interkulturelle, soziale und kommunikative Kompetenz. Diese wichtige Arbeit steht hierzulande leider immer wieder unter Vorbehalten. Das hat seinen Grund, denn Polizei ist ein knappes Gut. Wenn sich einzelne Beamtinnen und Beamte den Herausforderungen eines Auswahlverfahrens und der anschließenden hoch qualifizierten Ausbildung stellen, fehlen sie zu Hause. Auch deshalb ist es notwendig, endlich zusätzliche Kapazitäten zu schaffen, um die wichtigen Aufgaben in internationalen Missionen auch gewährleisten zu können. Denn auch nachdem Kräfte aus Afghanistan abgezogen werden, kann nicht damit gerechnet werden, dass die Belastung abnimmt.

Der aktuelle Blick richtet sich auf den afrikanischen Kontinent, der von unzähligen Konflikten, Hungersnöten, wirtschaftlichem und sozialem Verfall und politischem Chaos geprägt ist. Millionen Menschen sind auf der Flucht, nicht alle vor Krieg und Unterdrückung, auch vor sozialem Elend oder schlicht, um zu überleben. Die künftigen polizeilichen Missionen, die von der Europäischen Union oder den Vereinten

Nationen geführt werden, beanspruchen die Einsatzkräfte in besonderer Weise, auch wenn sie keinesfalls militärische Operationen unterstützen oder gar ersetzen sollen. Der Einsatz bleibt gefährlich und die Regionen unübersichtlich.

Grundsätzlich und ganz überwiegend haben internationale Polizeikräfte die Aufgaben der Beobachtung, Beratung und des Trainings von Polizeieinheiten der Länder, in denen sie eingesetzt sind. Es bleibt also eine ständige Aufgabe für die Politik, auch unsere Sicherheit in Europa dadurch zu stärken, die Voraussetzungen für internationale Polizeimissionen auch für deutsche Polizistinnen und Polizisten zu erhalten und zu verbessern. Obwohl die Risiken gelegentlich deutlich und die Lebenssituationen in den Einsatzländern alles andere als angenehm sind, finden sich immer wieder Polizeibeamtinnen und Polizeibeamte, die diese Aufgaben zu übernehmen bereit sind. Das ist bemerkenswert und ein gutes Zeichen für die innere Verfasstheit der deutschen Polizei. Die wichtigen Erfahrungen, die in Tausenden von Auslandsmissionen gewonnen wurden, dürfen nicht verloren gehen. Deshalb muss damit wissenschaftlich geforscht werden, unter anderem, um die Einsatzbedingungen, Ausbildungskonzepte, Einsatzmittel, Taktik und Strategie ständig zu verbessern, um die hohe Qualität der Kräfte auch für künftige Generationen nutzbar zu machen. Die Konflikte in der Welt werden nicht abnehmen und uns verstärkt auch international fordern. Die deutsche Polizei ist gut, aber sie muss stärker werden, das ist die Aufgabe.

Auf Salafisten, deren Zahl sich vervielfacht hat und die völlig offen und ungeniert Werbung für ihre Bereitschaft machen, unsere Gesellschaft in die Steinzeit zu führen, blicken wir mit der Milde der freien Religionsausübung, und wenn sie antisemitische Parolen grölen, rätseln wir erst einmal, ob das von der Meinungsfreiheit abgedeckt sein könnte. Nazi-

Terroristen, auf deren Konto mehr als tausend gewalttätige Attacken auf Asylbewerberunterkünfte gehen, kommen mittlerweile aus der sogenannten Mitte der Gesellschaft und ihre roten Brüder im Geiste, die ganze Städte in Angst und Schrecken versetzen, Hab und Gut normaler Bürger verbrennen, Wohnungen und Häuser beschädigen und wie Stadtguerillas in den Großstädten auftauchen, können verschwinden und ihre Aktionen später im Netz bejubeln. Deutschland ist bislang von Terroranschlägen islamistischer Terroristen mit vielen Toten und Verletzten, nationalem Entsetzen und vielen Opfern verschont geblieben, das hat zahlreiche Gründe. Die strukturellen Entscheidungen der Bundesregierung, die zur Einrichtung der Anti-Terror-Datei, des Gemeinsamen Terrorismus-Abwehrzentrums und der Anti-Terror-Datei rechts und vielen anderen Initiativen geführt haben, waren richtig und notwendig. Natürlich stets begleitet vom aufgeregten Geschrei altbekannter »Aktivisten«, die vom Untergang des Rechtsstaats schwadronieren, während verantwortungsbewusste Politiker einen guten Job machen. Obwohl wir wissen, dass die Attentäter von Paris und Brüssel unerkannt quer durch Europa reisen konnten und technische Lösungen durchaus in der Lage wären, Fahndung und Ermittlung zu optimieren, bleiben beispielsweise Mautdaten absolutes Tabu, selbst wenn wir nach Terroristen suchen würden.

Wir leben im Zeitalter des Terrorismus und das wird noch lange so bleiben. Niemand weiß, wie viele kaputte Typen von den kranken Theorien des Islamismus gerade einsam vor ihrem Computer zu Hause oder in irgendwelchen Hinterzimmern von hasserfüllten Predigern infiziert werden. Es ist eine herausfordernde Aufgabe, sie rechtzeitig zu erkennen und zu stoppen und gleichzeitig unsere Werte vom Schutz der Grundrechte, der Freiheit der Person, der Religionsfreiheit und der Privatsphäre nicht aufzugeben. Haben wir genügend Ermittler, die im Internet auf Streife gehen und die üblen Propagandavideos und

Hetzschriften aufspüren? Wissen wir, was in den Hinterzimmern der Moscheevereine los ist und welche Predigten in welcher Sprache gehalten werden?

Die AfD zieht einer Studie zufolge vermehrt Rechtsextremisten an. Was für eine Erkenntnis. Dafür hätte ich keine Studie gebraucht. Was uns aber wirklich beschäftigen muss, sind ganz andere Dinge, die uns die in Leipzig vorgestellte Studie »Die enthemmte Mitte« sagt. Wenn die Hälfte der Bevölkerung angibt, sich manchmal wie ein Fremder im eigenen Land zu fühlen, und mehr als 40 Prozent sagen, dass Muslimen die Zuwanderung nach Deutschland untersagt werden solle, zeigt dies deutlich, dass die bisherige Politik jedenfalls keine Willkommenskultur fördert, im Gegenteil. Menschen mit rechtsextremistischer Einstellung, so die Studie weiter, seien zunehmend bereit, zur Durchsetzung ihrer Interessen Gewalt einzusetzen. Nicht überliefert, aber in vielen Städten nahezu täglich zu beobachten, ist, dass dies für die Linksextremisten in Deutschland genauso gilt. Es wird radikaler und gewalttätiger in Deutschland, das kann man auf jeden Fall sagen.

Nun kann man fleißig darüber streiten, woran das liegt. Man kann die Deutschen auch beschimpfen und beklagen, dass sie so sind, wie sie sind. Man kann auch die Mehrheit der Deutschen zu Nazis erklären und den ganzen Tag darüber sinnieren, wie viele Pädagogen man noch braucht, um kollektive Umerziehungsprozesse zu realisieren. Oder man kann auch die Politik ändern. Tut man das nicht, setzt sich der Prozess fort, das muss man allerdings wissen. Und dann die Verantwortung dafür übernehmen. Denn für diese Entwicklung haben auch diejenigen Verantwortung, die ungehinderte und unkontrollierte Zuwanderung nach Deutschland ermöglichen, ja, sogar wünschen, und die schon die Zuneigung zum eigenen Vaterland in die Nähe nationalistischer und rassistischer Gesinnung bringen. Die öffentliche Diskussion um das Zeigen der Deutschlandfahne zur Zeit der Europameisterschaft im Fußball hat die derzeitige deutsche Diskussionskultur in all ihrer Lächerlichkeit verdeutlicht. Unser Staat wird nicht nur immer schwächer und wehrloser durch Sparpolitik und Realitätsverweigerung, Spaßpädagogik und Kuscheljustiz. Jetzt soll auch die Bevölkerung selbst ihr Land nicht mehr lieben und achten dürfen, wenn sie nicht in die Nähe von Nazis und Rassisten gerückt werden wollen. Das ist gefährliches Absurdistan und das meinen manche richtig ernst.

Kapitel 7

Verkehrsüberwachung: mangelhaft – Schwindeln: gut

Noch nie ist in Deutschland jemand an zu wenig Datenschutz gestorben. Aber an zu wenig Verkehrssicherheit sterben fast 3 500 Menschen jährlich auf unseren Straßen. Einen Bundesdatenschutzbeauftragten haben wir, einen Bundesverkehrssicherheitsbeauftragten aber nicht. Ist manchmal schon ein absurdes, seltsames Land, dieses Deutschland. Zigtausende Menschen erleiden Verletzungen, die häufig ihr ganzes Leben aus der Bahn werfen, nur weil irgendjemand meinte, selbst einschätzen zu können, wie schnell er fahren und wie viel Alkohol er trinken darf, ohne dass seine Fahrtauglichkeit leidet. Deshalb wäre es richtig, die Verkehrsunfallentwicklung mit gezielten Programmen, moderner Technik und konsequentem Eingreifen in den Griff zu nehmen. Wenn dem nur so wäre, es sieht aber mal wieder schlecht aus. Und weil das so ist, schwindelt man lieber, das macht bei uns die Regierung selbst.

Sie hatte sich im Verbund mit den anderen Mitgliedsstaaten der Europäischen Union das Ziel gesetzt, die Zahl der Verkehrstoten in Deutschland von 2011 bis 2020 um 40 Prozent zu reduzieren. Ein eigentlich realistisches Ziel, denn es gibt hervorragende Verkehrssicherheitsarbeit in Deutschland. Starke Verbände, die ehrenamtlich arbeiten und die Verantwortlichen beraten, die immer wieder erfolgreiche Informations- und Aufklärungskampagnen starten und die eindringlich auf die Gefahren des Straßenverkehrs hinweisen. Aber ohne Hauptamtliche geht es eben auch nicht, ohne ausreichend Polizeibeschäftigte, die die Einhaltung von Vorschriften überwachen, mit denjenigen sprechen, die sie übertreten und Sanktionen des Staates auch durchsetzen. Weil unser Staat wieder einmal vor allem an dieser Stelle viel zu schwach ist, werden die Ziele verfehlt. Das will die Regierung natürlich nicht zugeben, deshalb wird getrickst, um nicht zu sagen, die Bürgerinnen und Bürger beschwindelt. Wenn man nämlich die Halbzeitbilanz bereits im Jahre 2015 ziehen will, ist es wichtig, die korrekte Ausgangszahl als Grundlage für die Frage, wie sehr die Zahl der getöteten Menschen im Straßenverkehr zurückgegangen ist, zu verwenden. So berichtet die Bundesregierung im Oktober 2015 – nach vier und nicht nach fünf Jahren, wie es für eine Zehn-Jahres-Halbzeitbilanz eigentlich richtig wäre – stolz, dass sie auf einem guten Weg sei, denn die Reduzierung betrage 16 Prozent. Bis 2020 könne man also durchaus 40 Prozent Rückgang schaffen. Das stimmt, wenn die 16 Prozent stimmen würden. Aber das ist leider falsch. Denn das zuständige Ministerium hat die Zahl des Jahres 2011 als Ausgangszahl genommen und nicht die richtige Vergleichszahl, nämlich die aus dem Jahr 2010. Wenn man das nämlich tut, liegt die Reduzierung bei mickrigen 5,7 Prozent in fünf Jahren. Öffentlichkeit und Bevölkerung wurden mit falschen Zahlen getäuscht, um nicht zugeben zu müssen, was auf der Hand liegt: Das Ziel wird weit verfehlt werden, der Staat versagt mal wieder.

Wir rutschen weiter ab

In den zehn Jahren zuvor war es erheblich besser, da war Deutschland nahe an den vereinbarten 50 Prozent, immerhin auf Platz vier unter den EU-Ländern. Aber das wird sich nicht wiederholen, wir rutschen weiter ab. Übrigens folgen wir dem Trend in Europa, obwohl die Nachricht nicht fröhlich machen will, denn erstmals seit vierzehn Jahren steigen europaweit die Zahlen seit 2015 wieder an, alle zwanzig Minuten stirbt ein Mensch auf den europäischen Straßen. Vom Erreichen des europäischen Ziels, nämlich die Reduzierung der Unfalltoten bis 2020 um 50 Prozent, ist man in der Halbzeitbilanz 2015 mit gerade einmal 17 Prozent meilenweit entfernt.

Verkehrssicherheit – Kernaufgabe der Polizei

Verkehrssicherheit ist eine über die Schutzpflicht des Artikels 2 Absatz 2 GG verfassungsrechtlich vorgeschriebene Kernaufgabe des Staates, und er hätte die Pflicht, seine Behörden so auszustatten, dass sie die Einhaltung von Vorschriften ausreichend überwachen können. Aber gerade die Verkehrssicherheit ist der Steinbruch der Personalpolitik, wenn gekürzt wird – dann erst einmal dort. Teilweise um mehr als 30 Prozent wurden Verkehrsüberwachungseinsätze zurückgefahren, auch deshalb sterben jetzt wieder mehr Menschen. Und tatsächlich ist erst vor wenigen Jahren der Versuch abgewehrt worden, die Verkehrssicherheit als gleichrangigen Kernauftrag polizeilicher Arbeit neben der Kriminalitätsbekämpfung und Einsatzbewältigung abzuschaffen. Das wäre das Aus für diesen wichtigen polizeilichen Auftrag gewesen.

Wie das schleichend geht, zeigt der Freistaat Sachsen, wo die Zahl der Kontrollstunden für die Geschwindigkeitsmessungen innerhalb weniger Jahre um drei Viertel auf 25 015 Stunden reduziert wurde. Das ist die Folge des Rückzuges des Staates, der kaum noch da ist, wo es Menschenleben zu schützen gilt. Die Wahrscheinlichkeit, von der Polizei angehalten und kontrolliert zu werden, sinkt dramatisch, manche Verkehrsteilnehmer können sich an die letzte Kontrolle gar nicht mehr erinnern. Waren es in Sachsen von fünfzehn Jahren noch mehr als eine Million sogenannter Anhaltekontrollen, sank die Zahl auf weniger als fünfhunderttausend, Tendenz weiter fallend. Steigend sind die Unfallzahlen und der Tod auf den Straßen.

Plötzlich tot – Grenzenloses Leid auf unseren Straßen

Der Unfalltod kommt immer überraschend. Niemand ist darauf eingerichtet, einen geliebten Menschen plötzlich nicht mehr an seiner Seite zu wissen, weil er von einer Sekunde auf die andere aus dem Leben gerissen wurde. Fast zehn Mal täglich müssen Polizistinnen und Polizisten in Deutschland ausrücken, um Angehörigen mitzuteilen, dass der Vater, die Mutter, eines der Kinder, der Ehepartner im Straßenverkehr ums Leben gekommen ist oder auf irgendeiner Intensivstation noch um dieses Leben kämpft, das künftig möglicherweise in einer Komastation oder im Rollstuhl verbracht werden wird. Das Leid der Hinterbliebenen ist unermesslich und die kollektive Verdrängung dessen, was uns blitzschnell auch in der eigenen Familie, im Freundeskreis oder uns selbst passieren kann, ist perfekt.

Dabei könnten die Dinge erheblich besser laufen, wenn der Staat stärker würde. Das ist nicht nur mehr Personal, aber auch das. Denn es ist immer noch das persönliche Gespräch mit geschulten Kräften der Polizei, das im unmittelbaren Anschluss an einen Verkehrsverstoß die größte Gewähr dafür bietet, sein eigenes Verhalten im Straßenverkehr zu reflektieren und künftig zu ändern. Aber wenn Personal gestrichen, anderswo verwendet oder bei Hunderttausenden Einsätzen für »Fahrerermittlungen« verschwendet wird, ist eben niemand da, der diese wichtigen verkehrspädagogischen Gespräche mit angehaltenen Verkehrsteilnehmern führen kann.

Dort könnte denn auch für die Legitimation der Kontrollen geworben werden, die dem Ziel dienen sollen, Verkehrsunfälle zu verhindern und die Zahl der Verletzten und Getöteten zu senken. Auch das kapieren nicht alle. Manche Behörden machen es anders, da wird vor allem dort geblitzt, wo die Verstoßwahrscheinlichkeit am größten ist, nicht dort, wo es aufgrund vorhandener Unfalldaten wirklich gefährlich ist. Wer viele Alleen hat, muss exakt dort für langsames Fahren sorgen, denn jeder vierte Unfalltote stirbt an einem Baum. Wer stattdessen auf geraden, breiten Straßen schwerpunktartig seine Messgeräte aufstellt, muss sich den Vorwurf gefallen lassen, einfach abkassieren zu wollen.

Manche Verkehrsrichter korrigieren das, indem sie nach dem Grund der Geschwindigkeitsmessung fragen – richtig so. Die schwachen Ressourcen müssen zielgerichtet eingesetzt und immer wieder exakt an dem Ziel der Unfallreduzierung und Vermeidung von Toten und Verletzten ausgerichtet werden, sonst gibt es keine Akzeptanz, ohne die die Verkehrssicherheitsarbeit nicht funktioniert. Und dies gilt natürlich auch für die Gestaltung des Verkehrsraumes, die lebenswichtig sein kann. Menschen machen Fehler und Straßen können diese Fehler auch verzeihen, wenn sie klug gebaut und richtig ausgestattet sind. Bäume am Straßenrand sind schön anzusehen und Alleen sind romantische Orte. Aber Bäume sind eben auch »natürliche, stationäre, nicht verformbare Einzelhindernisse« – bei einem Aufprall verformt sich das Blech und der Mensch, der drin sitzt, kommt dabei häufig zu Tode.

Zu einer wirkungsvollen Überwachung gehören auch spürbare Sanktionen, diese Binsenweisheit ist noch nicht überall wirklich angekommen. Sonst wären unsere Bußgelder nicht teilweise am Rand der Lächerlichkeit. Sechzig Euro für die Handynutzung während der Fahrt ist so eine Sanktion. Es beschreibt den Alltag, wenn dargestellt wird, dass Fahrzeugführer im Blindflug unterwegs sind, nicht nur mit dem Handy am Ohr, sondern tatsächlich auf ihrem Handy schreibend und lebhaft kommunizierend, während sie über Autobahnen und Landstraßen oder durch die Städte rasen. Der Ansatz des niedersächsischen Innenministers, die Bußgelder drastisch zu erhöhen, ist richtig. Und wird natürlich direkt angegriffen, vor allem durch bekannte Lobbyverbände der Automobilindustrie und den unvermeidlichen ADAC. Dabei ist offensichtlich, dass die Sanktionswahrscheinlichkeit im Straßenverkehr gering und die Sanktionshöhe jedenfalls nicht abschreckend ist.

Das könnte anders sein, wenn es den Mut gäbe, endlich durchzugreifen und die »Drei Killer« im Straßenverkehr, nämlich das zu schnelle Fahren, Alkohol/Drogen und Verstöße gegen die Gurtanlegepflicht, auch mit Geldbußen zu bewehren, die man spürt und nicht mehr vergisst. Gewöhnt haben wir uns daran, dass im Frühjahr die Motorradfahrer sterben, wenn das Wetter schön wird. Also liegt es am Wetter, sagen Politiker. Das ist Unfug, es liegt an den Menschen, die dort fahren. Daran, dass sie eben keine wiederkehrenden Trainings machen, um den sicheren Umgang mit ihrem Motorrad zu festigen, daran, dass sie ihre Einstellung zum Umgang mit der Hochleistungsmaschine unter ihrem

Sitz nicht reflektieren, und vor allem daran, dass sie bei Geschwindigkeitsverstößen regelmäßig mit billigen Ausreden davonkommen, denn sie zu ermitteln ist schwer, fast unmöglich. Wochenlang können solche Ermittlungen dauern, immer wieder müssen staatliche Bedienstete ausrücken und im persönlichen Umfeld des Halters versuchen, den Fahrer zu identifizieren, ein unsägliches, aufreibendes und häufig eben nutzloses Geschäft und eine gigantische Verschwendung polizeilicher Ressourcen. Das ist nicht Rechtsstaat, das ist genau das Gegenteil davon. Denn während andere europäische Rechtsstaaten mit einer konsequenten Halterhaftung nahezu alle Raser erwischen, kommt bei uns jede Menge mit ihren faulen Ausreden davon.

Prävention – Vorbeugen ist besser als sterben

Durch die Verkehrsüberwachung vereinnahmte Gelder sollten übrigens der Verkehrssicherheitsarbeit zufließen und nicht einfach in den Haushalten der Länder und Kommunen verschwinden, dann hätte sich die Wirkung eines Bußgeldes direkt verdoppelt. Und wo das Personal knapp ist, muss moderne Technik helfen. Es ist wieder Niedersachsen, das mit der »Streckenabschnittskontrolle« einen neuen Weg geht und zunächst an einer gefährlichen Pilotstrecke die Durchschnittsgeschwindigkeit ermitteln lässt, um den Verkehr nicht nur punktuell zu beruhigen. Das war in Nordrhein-Westfalen nicht durchzusetzen. Nicht etwa, weil an der Wirksamkeit dieser Art der Geschwindigkeitsmessung gezweifelt wurde, sondern »aus Datenschutzgründen«. Der damalige NRW-Innenminister verzichtete tatsächlich auf diese innovative Möglichkeit, Menschenleben zu schützen, weil seine politischen Rechtsbedenkenträger ihm einredeten, dass die Daten unschuldiger Bürgerinnen und Bürger im Polizeicomputer landeten und die Menschen flächendeckend ins Visier der Sicherheitsbehörden gerieten. Glücklicherweise ist man in Niedersachsen schlauer.

Auch an anderer Stelle zeigt sich unser Staat ängstlich, übertrieben zurückhaltend, zögerlich und feige, wo er kraftvoll auftreten und zur Verbesserung des Schutzes von Tausenden Menschenleben auch die Pflicht hätte, ein starker Staat zu sein. Bei Falschparkern kommt er groß raus, wenn auch noch immer nicht konsequent genug. Eigentlich sollte es dort so sein, wie überall im Straßenverkehr: Der Halter ist verantwortlich. Aber das schaffen nur andere Länder um uns herum, unsere Angsthasen an den entscheidenden Stellen kriegen das nicht hin. Aber bei Falschparkern kassiert der Staat vom Fahrzeughalter wenigstens eine Gebühr, die einen Beitrag an den tatsächlich entstandenen Kosten der Verwaltung leistet. Bei Rasern ist da schon Schluss, und was so absurd klingt, ist deutsche Lebenswirklichkeit: Falschparker zahlen, die Raser rasen weiter. Mehrere Hundert Millionen Euro an Einnahmen aus Gebühren gehen dem Staat verloren, werden den rasenden Lügnern, die ihre Verstöße nicht zugeben wollen, geschenkt. Und das alles nur, weil die Verantwortlichen zurückweichen vor den Lobbyisten, Rechtsbedenkenträgern und einer Öffentlichkeit, die noch immer von der »freien Fahrt für freie Bürger« träumt und die tödlichen Gefahren des Straßenverkehrs ignoriert.

Dabei kann Deutschland Gebühren. Wo die schützende Hand großer Verbände nicht da ist, wo die Bürgerinnen und Bürger allein sind und sich nicht wehren können, da wird kräftig abkassiert. Dass wir tief ins Portemonnaie greifen müssen, wenn wir einen Ausweis oder Reisepass haben oder ein Auto zulassen wollen, daran haben wir uns längst gewöhnt. Auch wer sein Eigentum schützt und deshalb eine Alarmanlage installiert, muss kräftig zahlen, wenn ein Fehlalarm ausgelöst wird und die Polizei eingesetzt war. Natürlich muss eine Gebühr zahlen, wer sich nicht mit Anstand betrinken konnte und deshalb im Gewahrsam der Polizei ausnüchtern musste, was ich übrigens für richtig halte.

Selbstverständlich ist die Politik auch ausgesprochen kreativ bei der Entwicklung von Möglichkeiten, beim Einzelbürger abzukassieren; dabei sind auch Absurditäten nicht ausgeschlossen. Wer in einem Bundesland in Ostdeutschland etwa an einer Sitzblockade teilnimmt und von der Polizei weggetragen werden muss, zahlt eine »Wegtragegebühr«, deren Höhe sich nach der Laufbahn der Einsatzkräfte richtet – Kommissare sind teurer als Polizeimeister. Bei Verbänden ist der Staat zurückhaltender, beim Fußball wehrlos und untätig. Eine Sicherheitsgebühr von der DFL zu kassieren, hat sich bislang nur Bremen getraut, und wenn auch der Gebührenbescheid noch vor Gericht entschieden werden muss, war der dortige Innensenator Mäurer mutig und konsequent, als er ein entsprechendes Gesetz auf den Weg brachte.

Jedes Jahr kommen neue Rekordmeldungen über Milliarden Einnahmen für Fernsehrechte, Produkte und Werbeeinnahmen, aber die tausendfachen Polizeieinsätze gibt es kostenlos für den deutschen Fußball, der Steuerzahler wird gleich zwei Mal belastet. Er muss auf seine Polizei verzichten, die ihn und sein Eigentum beschützen könnte, während sie betrunkene und randalierende Verrückte in Schach halten muss, gleichzeitig darf er den ganzen Zirkus auch noch bezahlen und zwar komplett. Die Politik zuckt zurück, hat Angst vor der Fußballlobby und präsentiert sich wieder einmal hasenfüßig und wehrlos.

Auch über die Zuständigkeiten unserer Verkehrssicherheitspolitik muss neu nachgedacht werden. Es ist eine Kernaufgabe der Polizei, die Sicherheit im Straßenverkehr zu verbessern, aber nur in zwei Ländern ist der Innenminister gleichzeitig auch für den Verkehr zuständig. Was Bayern und Rheinland-Pfalz machen, sollten die anderen Länder auch tun, denn auch und gerade im Straßenverkehr gilt, dass wir länderübergreifende und möglichst flächendeckende Konzepte brauchen, um den »Krieg auf unseren Straßen« zu beenden.

Ein neuer Vorstoß aus Niedersachsen hat die Aufmerksamkeit auf ein Phänomen gelenkt, das bei schweren Verkehrsunfällen immer wieder die Arbeit von Polizei, Feuerwehr und anderen Rettungskräften behindert und häufig genug konkret Menschenleben gefährdet. Verkehrsteilnehmer wollen ganz nah an den Unfallort heran, wollen Bilder und Filme ergattern, die anschließend ins Netz gestellt oder meistbietend an Fernsehsender oder Online-Zeitungen verkauft werden sollen. Dabei gibt es keine Hemmungen. Rettungsgassen werden nicht genutzt, um zum Unfallort vorzufahren, das Auto bleibt direkt auf der Bahn stehen, weil man mit dem Handy in der Hand aufnahmebereit ganz nah ans Geschehen stürmen will und diejenigen, die um Menschenleben kämpfen oder wichtige Feststellungen zur Ursache des Unfalls treffen müssen, werden beiseite gedrängt, weil sie »im Bild stehen«.

Gaffer sind Menschen, die nicht alle Tassen im Schrank haben. Statt vorsichtig und möglichst ruhig an einem Unfallort vorbeizufahren und die Profis ihre Arbeit machen zu lassen, behindern sie den Verkehr, schaffen neue Gefahren und gefährden die Arbeit der Hilfeleistenden vor Ort. Es ist eine kluge Idee, dieses Verhalten nicht nur mit einem lächerlichen Bußgeld zu belegen, sondern unter Strafe zu stellen. Geldstrafe oder in schweren Fällen sogar Freiheitsstrafe sind die richtige Antwort auf ein solches Verhalten, und auch der Führerscheinentzug sollte dringend dazugehören, denn ihre charakterliche Ungeeignetheit zur motorisierten Teilnahme am Straßenverkehr stellen Gaffer deutlich unter Beweis.

Wenn das Verkehrsverhalten insgesamt verändert werden soll, wird man ohne dauerhafte Information und Öffentlichkeitsarbeit nicht auskommen. Deshalb ist die Arbeit der Verbände wie die ehrenamtliche Arbeit in der Deutschen Verkehrswacht und die Tätigkeit des Deutschen Verkehrssicherheitsrates wichtig; von dort kommen immer wieder hervorragende Initiativen und Vorschläge für Öffentlichkeitsarbeit und Bildung beispielsweise junger Menschen.

Der Verkehrsunterricht an Kindertagesstätten und Schulen ist ein wichtiges Mittel, um schon bei Kindern in diesem Entwicklungsstadium Verantwortungsbewusstsein und ein Gefühl für die Gefahren des Straßenverkehrs zu bilden. Das kann man natürlich Lehrerinnen und Lehrern überlassen und das geschieht mangels uniformierter Polizeikräfte auch vielerorts. Richtig ist das nicht, wo Polizei gefragt ist, muss sie auch da sein. Öffentlichkeitsarbeit ist kein Selbstzweck, sie muss kontinuierlich sein und darf auch Eindruck machen.

Das in Nordrhein-Westfalen entwickelte Konzept des »Crash Kurs NRW«, bei dem Betroffene über die Folgen schwerer Unfälle für sich und ihr Leben berichten, ist eine wirkungsvolle Alternative zum Frontalunterricht in der Klasse. Und auch die groß angelegte Aktion möglichst flächendeckender Geschwindigkeitsmessungen als öffentliche Mahnung an alle Verkehrsteilnehmer, die das Thema schlagartig ins Bewusstsein rückt, hat sich als eine erfolgreiche Aktion erwiesen, die auf das Verkehrsverhalten positiv einwirkt. Natürlich wird der »Blitzmarathon« immer wieder öffentlich kritisiert, weil angeblich Millionen Überstunden entstehen, was nachweislich falsch ist. Deshalb noch mal für die Kritiker des Blitzmarathons ganz langsam: Die Alternative zur Arbeit für mehr Verkehrssicherheit ist nicht, dass wir mehr Einbrecher fangen, sondern dass mehr Menschen sterben. Und dass man Verkehrssicherheit und Kriminalitätsbekämpfung als gemeinsamen Auftrag begreifen und mit klugen Ansätzen, beispielsweise der integrativen Verkehrskontrolle, auch angehen kann, hat die Polizei längst verstanden. Würde man sie sachgerecht ausstatten, könnte sie auf beiden wichtigen Feldern unseres öffentlichen Lebens erheblich mehr Erfolge erzielen.

Ein starker Staat rettet Menschenleben und schützt zugleich das Eigentum. Ein schwacher Staat setzt sowohl das eine als auch das andere aufs Spiel. Die Toten und Verletzten auf den deutschen Straßen sind eben kein unvermeidbarer Preis der Mobilität, sondern bedeuten eine dauerhafte Pflichtenmahnung an die Adresse des Staates.

Epilog

Los geht's, Ärmel hoch!

Ob es uns passt oder nicht: Die Welt ist nicht friedlich. Wir sind umgeben von Gewalt, Verbrechen, menschenverachtenden Ideologien, unvorstellbarer Brutalität und Despoten an der Spitze von Staaten, die im Chaos versinken. Diese Länder sind nicht weit entfernt, manchmal nur wenige Flugstunden. Und manche ihrer »Gesandten« sind schon in unserem Land und arbeiten daran, Unruhe, Gewalt, Menschenverachtung und Kriminalität auch zu uns zu bringen. Nach der Wiedervereinigung und den Revolutionen in Nordafrika und anderswo haben einige Leute in unserem Land geglaubt, dort würden jetzt CDU, CSU, SPD, FDP und Grüne gegründet und unsere »perfekte Demokratie« lückenlos kopiert. Heute müssen wir uns eingestehen, dass das wohl nicht zu erwarten ist.

Die Islamisten hatten andere Pläne, die haben sie auch für unser Land und ich will nicht abwarten, bis sie sie hier auch nur ansatzweise realisieren können. Keiner dieser kranken Typen, die Frauen steinigen, Mädchen vergewaltigen und Kinder in den Krieg schicken, wird sich von Integrationskursen oder Achtzig-Cent-Jobs in Deutschland beeindrucken lassen. Der Rechtsstaat darf nicht schwach oder unterwürfig sein, er muss kraftvoll handeln und sich gegen diejenigen zur Wehr setzen, die ihn beseitigen wollen. Es reicht eben nicht, von edler und menschenfreundlicher Gesinnung zu sein, und dann wird der Rest der Welt uns in paradiesische Verhältnisse führen oder folgen. Der Traum vom ewigen Frieden, der weltweiten Demokratie, der Achtung von Menschenrechten, der Toleranz und Friedfertigkeit ist schön, hat aber mit der Lebenswirklichkeit regelmäßig nichts zu tun. Wir können nicht die ganze Welt von unserem Gesellschaftsmodell überzeugen und sollten auch nicht den Versuch unternehmen, das zu tun. Aber wir können unser Land und unsere Art zu leben besser schützen als bisher.

Deutschland schafft sich nicht ab, es wird aber immer schwächer und die Gefahren dadurch immer größer. Deshalb ist es höchste Zeit für mutige Entscheidungen und kraftvolle Initiativen. »Wir schaffen das!«, reicht nicht. »Wir wollen das so und machen das jetzt!«, ist nötig. Und dazu brauchen wir neue Antworten, praktikable Lösungen, gute und starke Führung und richtungsweisende Politik. Wir brauchen keine Entscheidungsträger, die immer wissen, warum etwas nicht geht, die uns ständig vortragen, keine Kenntnis von Fehlentwicklungen zu haben, und anschließend völlig überrascht davon sind, dass es überall knallt. Die Menschen in Deutschland erleben die Wirklichkeit in ihrem eigenen Umfeld und können die ewigen Relativierungen und Beschwichtigungen nicht mehr hören – sie wenden sich ab. Sie wollen Entscheidungsträger, die die Ärmel aufkrempeln und entschlossen tun, was nötig ist. Und sie haben recht.

Regt Euch wieder ab, es ist nur die AfD!

Eine der Voraussetzungen, um Zukunft miteinander tragfähig zu gestalten, ist eine andere Debattenkultur in Deutschland. Unsere Demokratie kann es vertragen, wenn wir uns streiten und lebhaft diskutieren.

Aber die derzeitige hitzige Frontenbildung zwischen den Menschen mit edler Gesinnung auf der einen und rechten Populisten, Scharfmachern und Nazis auf der anderen Seite schadet unserer freien Gesellschaft mehr, als es ihr nutzt. Die Hysterie der Gegenwart radikalisiert unsere Sprache und unser Leben zusehends. Wenn die Hälfte der Menschen sich aus der Zuwanderungsdebatte herausgenommen haben, indem sie aus eigener Entscheidung öffentlich nichts mehr zu diesem Thema sagen, weil sie nicht wissen, ob sie dabei jede Silbe politisch korrekt formulieren und betonen, muss uns das alarmieren.

Mein Eindruck ist, dass manche Vertreter der Willkommenskultur es gar nicht schlecht finden, wenn »die anderen den Mund halten«. Ist es aber doch ... es ist ein Schaden für unsere Freiheit, wenn Menschen sich nicht mehr trauen, auf Probleme hinzuweisen und andere Meinungen öffentlich zu formulieren, weil sie Angst haben müssen, ausgegrenzt und als »irgendwie rechts« geächtet zu sein. Wenn Frauke Petry auf der Bühne ihres Parteitages einen Schuh verliert oder Frau von Storch in Brüssel einen Döner isst, wird das zum öffentlichen Thema, weil man jede noch so kleine Gelegenheit nutzen will, sie lächerlich zu machen. Starke Demokraten haben solchen Klamauk nicht nötig. Solche Meldungen sind lächerlich, sie sind so ein Art Konjunkturprogramm für die AfD und schaden ihr nicht. Sie erzeugen im Gegenteil gemeinsame Betroffenheit ihrer Sympathisanten und Solidarität miteinander gegen »die anderen«. Und nötig ist das sowieso nicht.

Wir haben in Deutschland über viele Jahrzehnte hinweg Erfahrungen mit neuen Parteien in unseren Parlamenten gemacht. Die kamen und gingen auch wieder. Ob die AfD wieder geht und wann, wissen wir nicht. Aber ganz sicher wird sie nicht dadurch verschwinden, dass wir ihre Vertreterinnen und Vertreter zu Märtyrern machen und zu ihrer Legendenbildung beitragen. Die Abgeordneten des Landtages von

Sachsen-Anhalt haben das – womöglich clever – gemacht, als sie in aller Gelassenheit den AfD-Mann Daniel Rausch zum Vizepräsidenten des Parlaments gewählt haben, statt die AfD mit Geschäftsordnungstricks auszugrenzen. Schon nach der ersten Sitzung hatte sich das Thema erledigt; der Mann gab überfordert auf. Andere in der AfD zeigen sich selbst die rote Karte, legen sich gleichzeitig mit dem deutschen Fußball und der Polizei an. Und selbst wenn es für eine Zeit lang so ist, dass in unseren Parlamenten eine demokratische Rechtspartei vertreten ist, ist das eher ein Stück europäische Normalität als der Weltuntergang.

Wir können Demagogen die Grundlage nehmen, wenn wir ehrlich miteinander umgehen. Dazu gehört auch die Wahrnehmung von Realitäten, die anzusprechen wir eben nicht jenen Demagogen überlassen dürfen. Das ist sowieso der erste Schritt zu guten Entscheidungen. Die Wahrheit ist eben, das nicht alle diejenigen, die zu uns gekommen sind, weil ihnen in ihrer Heimat Gefahren drohen, friedliche Zeitgenossen sind, die dankbar für unseren Schutz und unsere Fürsorge sind. Da sind eben auch Ganoven darunter, die nicht im Traum daran denken, unsere Regeln zu beachten oder sich ihnen auch nur anzunähern. Wer das verniedlicht, relativiert oder gar verschweigt, kann das Problem nicht lösen. Aber unsere Menschen haben ein Recht darauf, dass wir es erkennbar und ehrlich versuchen. Wenn man Kriminalität bekämpfen kann, muss man das auch tun, das ist Rechtsstaat. Und man kann erheblich mehr tun.

Genug gespart – Personal, Technik und Befugnisse erweitern

Was derzeit in der Einstellungspolitik von Bund und Ländern bei der Polizei und anderen Sicherheitsbehörden geschieht, ist die Reaktion auf konkrete Ereignisse der Vergangenheit, auf Terroranschläge, manche Wahlergebnisse in den Ländern, bevorstehende Wahlen und daraus resultierende Zukunftsängste der sogenannten etablierten Parteien. Wenn es das Ergebnis realistischer Gefährdungsanalysen wäre, hätte es vor mindestens zehn Jahren mit Mehreinstellungen losgehen müssen. Neue Planstellen bei der Bundespolizei und in manchen Länderpolizeien sollen eine Trendwende in der Politik der Einsparungen signalisieren, aus nahezu allen Parteien überschlagen sich die Forderungen nach noch mehr. Es fällt schwer, den Parteiführern zu applaudieren, die vorher zum Personalabbau in der Polizei beigetragen haben und sich jetzt für die neu ausgerichteten Entscheidungen feiern lassen wollen. Vieles davon ist Wahlkampf, manches unglaubwürdig, ausreichend ist es nirgends. Denn wenn man genau hinschaut, sind viele Maßnahmen nicht mehr als der berühmte »Tropfen auf dem heißen Stein«.

Wenn die Bundespolizei nach den Terroranschlägen von Paris und Brüssel eine Spezialeinheit bildet, die als »BFE+« helfen soll, in Fällen terroristischer Anschläge schnell und flexibel einzuschreiten, ist das eine richtige und notwendige Entscheidung. Wir können stolz darauf sein, dass sich sofort junge Menschen freiwillig bereitfinden, diese Herausforderung anzunehmen und sich notfalls hochgefährlichen terroristischen Gewalttätern entgegenzustellen. Aber wenn der Personalfehlbestand der Bundespolizei rund 2 800 Stellen beträgt, sie dann neue Aufgaben bekommt und zusätzlich 3 000 neue Planstellen geschaffen werden, dann ist dies tatsächlich keine Personalaufstockung, denn die Aufgaben sind ja gleichzeitig mitgewachsen.

Natürlich ist es gut und richtig, wenn Nordrhein-Westfalen jährlich bis zu 2 000 neue Polizeianwärter einstellt. Aber die bereits angesprochene Wahrheit ist auch, dass die hohen Pensionsabgänge noch kommen und dabei im Ergebnis ein Minus herauskommen könnte, wenn sich die Anstrengungen nicht vergrößern. Eine tatsächliche Stärkung der

Sicherheitsbehörden muss auch die Nachrichtendienste einschließen, die manche Partei lieber ganz abschaffen oder zur zeitungslesenden Hilfstruppe degradieren will. Alle Polizeien und Nachrichtendienste zusammen werden mindestens 50 000 zusätzliche Planstellen brauchen, wenn wir die Qualität der Inneren Sicherheit erhalten wollen, dazu zählen Vollzugsbeamtinnen und -beamte, Verwaltungskräfte und beispielsweise auch Tarifbeschäftigte, ohne die die Polizei nicht funktioniert.

Auch und gerade unsere Bereitschaftspolizei muss auf eine solidere und stärkere personelle und materielle Basis gestellt werden. Diese Einsatzkräfte sind ein wertvolles Kapital unserer Sicherheitsarchitektur, aber wir dürfen sie nicht länger auf Verschleiß fahren, wenn wir ihre Einsatzfähigkeit erhalten wollen. Dazu zählt neben der personellen Verstärkung auch eine bundesweit kompatible und moderne Ausstattung und Bewaffnung. Es ist für unser Land unwürdig, wenn ausgerechnet der Bereitschaftspolizei, deren Ausstattung durch den Bund zu finanzieren ist, mit Misstrauen und Knauserigkeit begegnet wird und erst nach langen Diskussionen und parlamentarischen Initiativen ein paar Millionen Euro bewilligt werden, und auch nur dann, wenn sie künftig keine Forderungen mehr stellen.

Die starke und leistungsfähige Bereitschaftspolizei in Deutschland wird noch dringender als bisher gebraucht werden, das sollten sich alle diejenigen bewusst machen, die dort weiter sparen wollen. Denn die unruhigen Zeiten kommen erst noch. Die Wechselwirkungsspirale extremistischer Kräfte in unserem Land dreht sich weiter nach oben und ist längst noch nicht an ihrem Höhepunkt angelangt. Wir werden diese starke Bereitschaftspolizei genauso brauchen wie hoch flexible und top ausgebildete und ausgestattete Spezialeinheiten, die sich den vielfältigen Bedrohungen stellen und dabei im Dienst des Gemeinwohls ihr Leben riskieren. Deshalb brauchen wir eine deutschlandweite Investitions- und Modernisierungsinitiative für die Sicherheitsbehörden.

Wer in unserer Hauptstadt, und nicht nur dort, ein Polizeidienstgebäude betritt, kann den Investitionsstau förmlich an jeder Ecke sehen und spüren. Marode Schießstände werden gleich reihenweise geschlossen, der Putz bröckelt von den Wänden, es regnet durch und das Flair der Nachkriegsjahrzehnte weht durch die Büros. Innensenator und Polizeipräsident haben katastrophale Verhältnisse von ihren Vorgängern übernommen. Der Investitionsstau beträgt 600 Millionen Euro, die müssen her, und zwar nur in Berlin. Bewilligt sind sieben Millionen, als ob die Hauptstadtpolizei hundert Jahre lang Zeit hätte, sich fit zu machen für über 5 000 besondere Einsätze, die sich aus der Situation einer Millionenmetropole in Europa ergeben. Bundesweit dürften die Bedarfe die Milliardengrenze locker überschreiten und wenn das so ist, dann müssen diese Investitionen auch stattfinden.

Das gilt genauso für die Justiz und den Justizvollzug. Der Entzug der Freiheit ist das schärfste Schwert des Rechtsstaates. Wenn Menschen zu einer Freiheitsstrafe verurteilt werden und diese auch absitzen müssen, ist es unsere Pflicht, dafür zu sorgen, dass sie in der Justizvollzugsanstalt nicht radikalisiert werden oder sich ihre kriminelle Energie und Gewaltbereitschaft noch steigert. Dafür brauchen wir gut bezahlte Justizvollzugskräfte in ausreichender Zahl und mit einer gesunden Altersstruktur, gute Arbeits- und Therapiemöglichkeiten in den Justizvollzugsanstalten, um aus Straftätern möglichst keine Intensivtäter werden zu lassen. Und wenn Rechtsstaat funktionieren soll, müssen auch die Menschen her, die ihn sichern und schützen. Das sind auch diejenigen, die in unseren Gerichten und Staatsanwaltschaften für das Recht sorgen, ohne das ein Rechtsstaat nicht funktioniert. Das ist dann der Fall, wenn er nicht über die notwendigen Informationen verfügt, die man braucht, um Recht zu sprechen und größtmögliche Gerechtigkeit zu schaffen. Deshalb müssen alle diejenigen, die in Gerichten und Staatsanwaltschaften mit Verdächtigen und Angeklagten zu tun haben, möglichst auf Knopfdruck über alle relevanten Informationen über diese Person verfügen. Dazu zählen auch und vor allem sämtliche Ermittlungsvorgänge, die bei Polizei und Staatsanwaltschaften geführt werden. Wer die Verantwortung für Urteile übernimmt, der muss wissen, wen er vor sich hat, über den gerichtet werden soll.

Deutschland braucht einen ständigen Nationalen Sicherheitsrat, der nicht nur strategische Überlegungen anstellt und die Herausforderungen und Szenarien der Zukunft und realistische Lösungsstrategien beschreibt. Dort müssen politische Entscheidungen vorbereitet werden, die mit kompetenten Blick in die Zukunft auf der Grundlage vorhandener Informationen und nicht nach dem Zeitpunkt irgendeiner Landtagswahl oder Koalitionskrise erfolgen müssen. Auch die Beschaffung von Technik und Ausrüstung, die bundeseinheitlich benötigt wird, muss dort definiert werden. Wir müssen nicht in jedem Bundesland die gleichen Autos bei der Polizei fahren und es ist kein Beinbruch, wenn die blauen Uniformen hier und da Besonderheiten aufweisen, die sich die Belegschaft ausgesucht hat. Aber Vorgangsbearbeitung und -auswertung, Recherchemöglichkeiten, Analysetechnik, Videotechnik, Lagebilderstellung und eine IT-Infrastruktur, die eine reibungslose Information und Kommunikation zwischen den Sicherheitsbehörden sicherstellt, das muss sein. Auf europäischer Ebene werden jetzt zaghafte erste Schritte einer raschen Informationsübermittlung zur Bekämpfung der Einbruchskriminalität unternommen. Auch darin müssen die Nachrichtendienste einbezogen werden, die keine

Bedrohung, sondern ein Segen für unser Land sind. Sie dürfen nicht länger verteufelt, sondern müssen gestärkt und anerkannt werden; denn sie leisten eine wertvolle Arbeit, deren Ergebnisse wir dringend brauchen.

Alle gemeinsam brauchen die Sicherheitsbehörden mehr gesetzliche Befugnisse, die sie in die Lage versetzen, ihre Aufgaben sachgerecht zu bewältigen. Politikerinnen und Politiker fordern vehement, dass die Polizei und die Nachrichtendienste Terrorismus verhindern sollen. Nie wieder soll sich ein zweiter NSU bilden, sollen sich islamistische oder linke Terrorgruppen formieren, untertauchen und im Untergrund Anschläge vorbereiten können. Darüber hinaus sollen die polizeilichen Feststellungen vor Gericht beweiskräftigen Bestand haben. Aber Vorratsdatenspeicherung darf es, wenn überhaupt, nur für eine sehr kurze Zeitspanne, am besten gar nicht geben. Das sagen dann dieselben Politikerinnen und Politiker – eine groteske Politik. Denn genau die werden die Ersten sein, die nach einem terroristischen Anschlag danach fragen, warum die Polizei das nicht verhindert hat.

Die Polizei in Deutschland soll im Ernstfall alles wissen, darf aber vorher nichts erfahren. So funktioniert Innere Sicherheit aber nicht. Deshalb muss der Schutz der informationellen Selbstbestimmung und des Rechts auf Integrität informationstechnischer Systeme neu diskutiert und im Zeitalter des Terrors neuen Lösungen zugeführt werden. Notfalls muss die Verfassung an dieser Stelle an die Lebensrealitäten angepasst werden. Wenn erst Tote und Verletzte auf den Straßen liegen und terroristische Anschläge unser Land erschüttern, werden wir diese Diskussionen ohnehin führen, bis dahin sollten wir indessen nicht abwarten.

Ein starkes Team – Polizei und Kommune

Unser Land hat eine dezentrale Sicherheitsarchitektur und das ist richtig und staatspolitisch notwendig. Sicherheit zu gewährleisten, ist kein Privileg der Polizei, da arbeiten viele andere mit. Polizei und Ordnungsbehörden arbeiten vor Ort zusammen und können die lokalen Verhältnisse einschätzen, flexibel und angemessen reagieren und Ordnungsstörungen und Sicherheitsdefizite in gemeinsamer Verantwortung bekämpfen. Auch deshalb gilt das für die personelle und sächliche Ausstattung Gesagte nicht nur für die Sicherheitsbehörden, sondern ausdrücklich auch für unsere Städte und Gemeinden insgesamt. Die Arbeit, die dort gemacht wird, ist eben nicht Ballast der öffentlichen Haushalte, sondern unverzichtbare, segensreiche, bürgernahe Leistung, die einzig und allein dem Gemeinwohl dient. Das unterscheidet sie von Unternehmen, die mindestens auch die Finanzierung hoch bezahlter Geschäftsführungen im Blick haben, auch dann, wenn sie formal keine Gewinne machen.

Die Beschäftigten der kommunalen Verwaltungen sind wichtige Mitgestalter unseres sozialen Lebens und müssen deshalb modern und personell ausreichend ausgestattet sein, um diese Aufgaben auch erfüllen zu können. Selbstverständlich darf und muss dazu moderne Technik eingesetzt werden, um die Wege zu verkürzen und Vorgänge zu optimieren. Aber am Ende jeder Terminvergabe per Internet müssen lebendige Beschäftigte stehen, die den Bürgerinnen und Bürgern als Sachwalter öffentlicher Interessen gegenüberstehen und als staatliche Dienstleister für sie da sind. Der Staat darf nicht nur ein Computerprogramm sein, das diejenigen zufriedenstellt, die damit umgehen können. Er muss auch und gerade an den wichtigen Schnittstellen der Kommunalverwaltung mit hauptamtlichen, gut ausgebildeten und motivierten Beschäftigten präsent und ansprechbar bleiben.

Selbstverständlich haben private Anbieter ihren Platz dort, wo es vielfältige Aufgaben zu erledigen gibt, die nicht unbedingt von staatlich Beschäftigten geleistet werden müssen. Ich sagte es bereits, natürlich muss die Polizei nicht hinter jedem Schwerlasttransport herfahren, und auch in unseren Kommunen wird sinnvollerweise die Arbeit durch Anbieter privater Unternehmen unterstützt, beispielsweise in der Verkehrsüberwachung. Wo dies unter strenger staatlicher Aufsicht und Kontrolle stattfindet, ist gegen die Wahrnehmung rein technischer und administrativer Aufgaben nichts einzuwenden. Aber die Grenzziehung zwischen notwendigerweise staatlicher Aufgabenerfüllung und privater Dienstleistung muss schärfer als bisher erfolgen. Bundesweit einheitliche Qualitätsstandards müssen her und die Auswahlkriterien privater Unternehmen standardisiert werden. Das Kostenkriterium darf nicht ausschlaggebend für die Auswahl privater Unternehmen sein. Ausbildung, Qualität, Zuverlässigkeit und Integrität des Personals sind die Maßstäbe. Und wer das alles nicht bieten kann, muss von Bieterverfahren ausgeschlossen sein, mag er auch noch so verlockend günstige Konditionen anbieten.

Unsere dezentrale Struktur braucht noch mehr zentrale Informationssteuerung, die sich beispielsweise bei der Terrorbekämpfung ausdrücklich bewährt hat. Es war ein Fehler, aus dem im vergangenen Jahr verabschiedeten Meldegesetz eine bundesweite Meldedatei auszuschließen. Jederzeit kann man in Deutschland untertauchen und muss sich nicht mal anstrengen. Natürlich, manche mögen es für einen Witz halten, dass wir unsere Bürgerinnen und Bürger mit Bußgeldern bedrohen, wenn sie sich nicht ordnungsgemäß beim Einwohneramt anmelden, und gleichzeitig Hunderttausende Menschen völlig anonym ins Land lassen. Das ist auch ein temporärer Kontrollverlust gewesen, der sich nie wiederholen darf. Aber falsch war nicht das Melderecht, sondern die unkontrollierte Zuwanderung.

Eine moderne zentrale Meldedatei liefert zudem wichtige Strukturdaten, beispielsweise auch zur Kriminalitätsbekämpfung, etwa beim Wohnungseinbruch oder der Verkehrsunfallbekämpfung, und Präventionsarbeit auf vielen Ebenen. Deshalb muss der Gesetzgeber das regeln und durchsetzen. Aber bitte nicht den Ländern den Vollzug überlassen, dann kommt ein Flickenteppich unterschiedlichster Systeme dabei heraus.

Zuwanderung und Asyl brauchen Orientierung und Klarheit

Deutschland braucht ein Zuwanderungsministerium, das die Prozesse ordnungsgemäßer Zuwanderung steuert und mit den Ländern koordiniert. Dass es eine solche Zuwanderung braucht, ist angesichts der Verhältnisse der demografischen Entwicklung und auf dem Arbeitsmarkt weitgehend unumstritten. Aber das ist etwas völlig anderes, als das, was sich im Jahr 2015 abgespielt hat und nach wie vor anhält. Wir brauchen geordnete Prozesse, die gezielt und rechtssicher Zuwanderung regelt und auch die notwendigen Schritte der Integration der Menschen formuliert, die zu uns kommen. Deshalb werden auch alle Länder ein entsprechendes Ressort brauchen.

Davon zu trennen ist das Asylverfahren, denn das ist keine Zuwanderung, auch wenn das derzeit im selben Atemzug diskutiert wird und einige Zeitgenossen das gerne so hätten. Es kann durchaus sein, dass sich aus erfolgreicher Asylgewährung in einem weiteren Schritt ordnungsgemäße Zuwanderung im Einzelfall ergibt, zwingend ist das aber nicht. Deshalb müssen die Prozesse der Asylgewährung ebenfalls gebündelt und bundesweit koordiniert werden. Dazu zählt die ordnungsgemäße Registrierung und Identifizierung derjenigen, die zu uns kommen und Asyl begehren. Wer nicht identifiziert ist, soll nicht nach

Deutschland einreisen dürfen, das muss der Grundsatz sein. Und wer von vornherein nur eine sehr geringe Bleibeperspektive hat, soll gar nicht erst in Gemeinden angesiedelt werden, sondern den Ausgang des Asylverfahrens in den Aufnahmezentren abwarten und von dort zurückgeführt werden. Dies ist auch ein wichtiges Signal an die Menschen in den Herkunftsländern, die bislang die Botschaft erhalten, erst einmal einreisen und jahrelang hier leben zu können, bevor über das Asylbegehren entschieden ist. Deshalb muss der Vorschlag der Registrierungszentren an der Grenze neu belebt und politisch durchgesetzt werden. Und selbstverständlich muss unser Land seine nationalen Grenzen vor illegaler Einreise schützen, und dieser Schutz muss umso intensiver ausfallen, je weniger die Europäische Union dazu in der Lage ist, die europäischen Außengrenzen zu schützen.

Der Vollzug der Abschiebung muss neu geregelt werden, auch hier muss der Bund und auch der Bundesgesetzgeber mehr Verantwortung übernehmen. Wenn Straftaten mit hoher krimineller Energie begangen werden, muss mit der Rechtskraft einer strafrechtlichen Verurteilung nicht das Asylverfahren enden, das ist mit europäischem und internationalem Recht wohl unvereinbar. Aber die zwingende Rechtsfolge muss der Beginn des Abschiebegewahrsams sein. Wo diese Einrichtungen geschlossen wurden, müssen sie mit erheblichen Kapazitäten wieder eröffnet werden. Und Schritt für Schritt sind die vielen Abschiebehindernisse abzubauen, die noch immer vor Ort im Wege stehen und Abschiebungen häufig unmöglich machen.

Den zahlreichen Bemühungen lokaler Entscheidungsträger und Vollzugskräfte, Abschiebungen mit Respekt und Empathie, aber auch mit dem nötigen Nachdruck des Rechtsstaates durchzuführen, stehen unendliche Aktivistengruppen entgegen, die genau das verhindern wollen. Sie beraten und fördern die Abzuschiebenden schon lange, bevor die Polizei kommt, und verursachen gewaltige Kosten. Eine missglückte Abschiebung kommt den Steuerzahler locker mit einer fünfstelligen Summe teuer zu stehen. In diesem Zusammenhang kommt natürlich der Entwicklungshilfe eine wichtige Bedeutung zu. Auch wenn es dem Ministerium für wirtschaftliche Zusammenarbeit nicht gefällt, es kann nicht sein, dass Staaten aus Deutschland Geld erhalten, die sich ihrerseits aber strikt weigern, ihre eigenen Staatsbürger wieder »zurücknehmen«, wenn sie aus Deutschland abgeschoben werden sollen. Was für die Verteilung von Flüchtlingen in Europa gilt, das ist auch in diesem Zusammenhang ein freundliches Druckmittel, das zur Anwendung kommen sollte: Wer sich nicht kooperativ verhält, kann unser Freund und Partner bleiben, aber Geld kommt dann nicht mehr.

Ein entnervter und frustrierter Oberkommissar berichtet über den vielfachen täglichen Irrsinn deutscher Abschiebepraxis. Vielfach genutzte Tricks, einer Abschiebung zu entgehen, seien:

- Eines der Kinder zu Verwandten oder Freunden bringen, schon muss die Abschiebung abgebrochen werden, da die Familie nur vollständig abgeschoben werden darf. Früher war es möglich, dass man abzuschiebende Personen am Vorabend in polizeilichen Gewahrsam nehmen konnte. Damit war sichergestellt, dass die Abschiebung am nächsten Tag pünktlich stattfinden konnte. Wir müssen momentan bei einer Abschiebung um 2 Uhr 30 in der Nacht aufstehen, um die Personen um 4 Uhr früh abzuholen. Weit mehr als die Hälfte der Abschiebungen scheitern, weil die Gesetzgebung – auch nach den neuesten Asylverfahrensregelungen seit Ende Mai 2016 – nicht die rechtlich notwendigen Rahmenbedingungen schafft.
- Verzögerungstaktik, damit man über die 14-Uhr-Zeitgrenze kommt und die Rückführung in der Regel nicht mehr durchgeführt werden kann. Viele Länder (etwa fast alle unserer Nachbarstaaten) nehmen

nach 14 Uhr keine Flüchtlinge mehr zurück. Sobald wir das zeitlich nicht schaffen, müssen wir die Abschiebung abbrechen.

- Durch Krankheit, Untertauchen und dergleichen mehr. Sobald sechs Monate vergangen sind, kann nicht mehr in das Land, in dem der Asylantrag zuerst gestellt wurde, zurück abgeschoben werden. Man muss also nur mit allen Mitteln herauszögern. Da zudem die Behörden sehr langsam arbeiten, können auch dadurch viele Flüchtlinge nicht mehr abgeschoben werden. In diesen Fällen kann man dann in Deutschland bleiben und dort den Asylantrag neu stellen.
- Betroffene, die bei der Abholung einer unbegleiteten Abschiebung aktiven oder verbalen Widerstand leisten, müssen zum Flughafen zurückgebracht werden. Wenn sie sich vor dem Einsteigen in das Flugzeug weiterhin vehement wehren, werden sie vom Piloten nicht mitgenommen, was ja verständlich ist. Dies bedeutet für uns Polizisten wieder einmal Rücktransport und für die Steuerzahler erneute Kosten. Warum kann man nicht die Personen einem Richter vorführen, der eine Abschiebehaft anordnet? Dann sollte die Abschiebung, falls nötig fixiert, vorgenommen werden.

Es ist Aufgabe des Gesetzgebers, dafür zu sorgen, dass Abzuschiebende bereits am Vortag der geplanten Abschiebung unangekündigt in Gewahrsam genommen werden können, damit die Abschiebung sichergestellt wird. Außerdem muss sichergestellt werden, dass die Abschiebehaft auch tatsächlich stattfinden kann, also Haftplätze in ausreichender Zahl und angemessener Ausstattung zur Verfügung stehen. Es müssen die Bedingungen für sogenannte Folgeanträge neu geregelt werden und dies muss bundeseinheitlich erfolgen. Dazu muss es für sämtliche Asylverfahren eine bundesweit einheitliche IT-Infrastruktur geben, die sofort erkennbar werden lässt, ob und wann ein erstes Asylverfahren bereits durchgeführt wurde. Nachfolgeanträge sollen überhaupt nur im Heimatland gestellt werden dürfen. Wer trotzdem nach Deutschland gekommen ist, muss sofort zurückgeführt werden.

Diejenige Behörde, die über das Asylbegehren entschieden hat, sollte auch zuständig sein für die Folgemaßnahmen, was eine erhebliche Vergrößerung des BAMF, des Bundesamtes für Migration und Flüchtlinge, bedeuten würde. Ausweisung und auch Abschiebung müssen nicht in kommunaler Verantwortung liegen, das kann und soll der Bund regeln. Nur der Vollzug sollte vor Ort durchgeführt werden. Machen wir uns nichts vor, es läuft nicht optimal und der Alarmruf des Bundesinnenministers war unüberhörbar. Wieder einmal waren die Möglichkeiten von Ländern und Kommunen weit überschätzt worden und die Aufgaben werden erheblich wachsen. Wenn wir jetzt schon fast an rund 200 000 ausreisepflichtigen Menschen scheitern, wie sollen wir mit den bisherigen Strukturen auch nur daran denken, möglicherweise erheblich mehr Menschen dazu zu bewegen, das Land zu verlassen.

Wir müssen unsere Schulen und Kindertagesstätten stärken und die Menschen, die dort arbeiten. Auch hier steht die Personalfrage an erster Stelle und das sind nicht nur Lehrerinnen und Lehrer. Das sind Verwaltungskräfte genauso wie Schulpsychologen, Sonderpädagogen und Sozialarbeiter, die dringend gebraucht werden, um dort einzugreifen, wo junge Menschen auf dem Weg zum Erwachsensein in unserer komplizierter werdenden Welt nicht zurechtkommen.

Unsere Kinder sind das Wertvollste, was unsere Gesellschaft aufzubieten hat, wer wollte das nicht unterschreiben. Wenn das so ist, müssen wir auch so handeln. Keinem Kind darf die Chance verwehrt sein, möglichst frühzeitig qualitativ hochwertige Angebote frühkindlicher Bildung in Anspruch zu nehmen. Deshalb ist es richtig, auch den Besuch einer Kindertagesstätte zur Pflicht zu machen. Aber die müssen dann auch erreichbar und vorhanden sein. Und sie brauchen hoch motivierte, gut ausgebildete und anerkannte Erzieherinnen und Erzieher, deren Arbeit sich selbstverständlich in ihrer Wertigkeit auf dem Niveau von Lehrerinnen und Lehrern befinden und entsprechend honoriert werden muss. Der damit bereits zitierte Sigmar Gabriel hat ja recht, wenn er fordert, dass unsere Schulen Kathedralen der Gesellschaft sein müssen. Aber unsere Kitas gehören auch dazu, »Kathedralen der Bildung und Erziehung« brauchen wir, und zwar überall. Und das dürfen nicht nur seelenlose Gebäude sein, in die wir unsere Kinder hineinschicken und verwahren.

Wir müssen diejenigen, denen wir einen großen Teil der Erziehung und Bildung unserer Kinder anvertrauen, mit der notwendigen Autorität und Durchsetzungskraft ausstatten, um diese Aufgaben zu erfüllen. Deshalb sind Klagemöglichkeiten gegen Entscheidungen von Lehrerinnen und Lehrern möglichst zu begrenzen. Natürlich muss es die Möglichkeit geben, Schulnoten, Versetzungen oder andere Beschlüsse prüfen zu lassen, aber der Gerichtsweg ist dafür nicht der richtige. Das sollten schulinterne Instanzen selbst regeln können und zwar abschließend.

Die Privatisierung staatlicher Aufgaben in der öffentlichen Daseinsfürsorge lässt sich kaum rückgängig machen. Es gibt Tausende kleiner und großer Unternehmen, Initiativen und guter Projekte. Und ganz sicher leisten die vielen Beschäftigten häufig wertvolle Arbeit, etwa in Bereichen der Kriminal- oder Radikalisierungsprävention, der Antigewalttrainings und vieler anderer Bereiche, in denen Menschen große Probleme haben, die es zu lösen gilt. Aber wenn es der Staat schon nicht selbst macht, muss er besser als bisher wissen, was dort geschieht und wie sinnvoll das ist. Wo Milliarden fließen, muss derjenige hinschauen, der sie bereitstellt. Und das können nicht dieselben sein, die sie empfangen. Deshalb ist ein staatliches Qualitätsmanagement einzurichten, das die Verwendung staatlicher Gelder, die Inhalte der Programme und die Wirksamkeit der Arbeit ständig prüft und auch mit der notwendigen Autorität ausgestattet ist, dort einzuschreiten, wo mit dem Geld der Steuerzahler Projekte betrieben werden, deren Sinnhaftigkeit sich nur denjenigen erschließt, die davon leben.

Dies gilt ausdrücklich auch für Steuergeld, das beispielsweise im Kampf gegen Rechtsextremismus bereitgestellt wird. Was früher eher symbolische und bescheidene Summen waren, ist ein reizvoller großer Geldtopf geworden, der viele Begehrlichkeiten weckt. Jedenfalls könnte ich mir einen Etat von 150 Millionen auch gut für die Bereitschaftspolizei in Deutschland vorstellen, statt der wirklich mickrigen rund zwanzig Millionen. Wie diese Gelder aus dem Familienministerium im Einzelnen eingesetzt werden und wie sinnvoll das ist, weiß offenbar niemand so richtig, und das muss sich ändern.

Bremsen los und Turbo rein!

Auch die Polizei hat ihren Flughafen BER. Bei uns heißt er Digitalfunk. Mit diesem Projekt werden wohl noch Generationen von Polizistinnen und Polizisten befasst sein, denn auch nach über dreizehn Jahren ist ein Ende nicht in Sicht. Teuer, unzureichend und nie so richtig fertig, aber immerhin wenigstens teilweise in Betrieb, zumindest das unterscheidet ihn vom Bund-Berlin-Brandenburg-Großprojekt.

Deutschland ist zu langsam und die massenhafte Zuwanderung hat die strukturellen Mängel wie ein Spot brutal erhellt.

Dabei ist der Gesetzgeber manchmal sogar recht schnell. In wenigen Wochen hatte man sich auf die Einrichtung einer bundesweiten Datei zur Erfassung von Einreisenden nach Deutschland geeinigt, das war schon rekordverdächtig. Genauso rekordverdächtig war allerdings das jahrelange konsequente Ignorieren des herannahenden Problems. Wie kommt man nur auf die Idee, in Zeiten weltweiter Wanderungsbewegungen von zig Millionen Menschen anzunehmen, dass Deutschland sich nicht darauf vorbereiten müsse, selbst davon betroffen zu sein? Der Prozess der Umsetzung ist quälend langsam, Deutschland ist im Schneckentempo unterwegs. Und auch an anderen Stellen Stillstand, zähe Meinungsbildung, politische Untätigkeit, die die Menschen zur Weißglut bringt, die rasche Lösungen erwarten.

Seit Beginn des vergangenen Jahres sind offensichtlich Tausende sogenannter »verheirateter« Mädchen im Kindesalter nach Deutschland eingereist und teilweise sogar noch von Richtern als solche anerkannt worden. Statt diesen Richtern eine Ausgabe unseres Grundgesetzes zu schenken, sind Mitte des Jahres 2016 unsere Justizminister damit befasst, »zu prüfen, ob in Deutschland Ehefähigkeit generell auf achtzehn Jahre angehoben werden und nach ausländischem Recht geschlossene Ehen nicht anerkannt werden sollen.« Tausendfacher Kindesmissbrauch vor unseren Augen – und Justizminister prüfen, ob sie tätig werden sollen. Das ist die Realität, die viele Menschen zu Recht empört. Banken können fast über Nacht gerettet werden, bei Kindern lässt man sich Zeit, das ist die Botschaft.

Jetzt müssen endlich Strukturen her, die rasche Entscheidungen möglich machen, die sich an den rasch verändernden Entwicklungen orientieren, denn die Zeit der Bonner Republik ist endgültig vorbei. Es ist deshalb notwendig, die Prozesse zu analysieren, möglicherweise zu erneuern und zu beschleunigen, in denen sich notwendige politische Entscheidungen und insbesondere deren Umsetzung, vollziehen. Dies gilt vor allem dann, wenn die politischen Meinungsbildungsprozesse kaum Zeit kosten dürften, wie dies bei dem letztgenannten Thema der Fall ist.

Unsere Justizminister dürften in Deutschland kein Wochenende mehr frei haben, bevor das Thema Kinderehen nicht vom Tisch ist! Nennen wir es Prozessevaluation und anschließend notwendige Prozessoptimierung, wichtig ist, dass wir wieder den Anschluss finden und aus dem »Dornröschenschlaf« erwachen, sonst wird es ein böses Erwachen geben.

Lieb Vaterland, magst ruhig sein

Wenn nichts geschieht, werden die Gefahren für unser Land täglich größer. Ohne Stärkung unserer politischen Kultur werden Extremismus und Demokratiefeindlichkeit zunehmen und die jetzigen politischen Kräfte kaum noch in der Lage sein, sich der Unzufriedenheit, der Wut und Verachtung entgegenzustellen. Unsere staatlichen Mechanismen in Bund, Ländern und Gemeinden müssen durch massive Investitionen und moderne Neustrukturierung leistungsfähiger und schneller gemacht werden, wenn der Kollaps der Verwaltung abgewendet werden soll.

Deutschland muss runderneuert und fit gemacht werden für die Herausforderungen, die auf uns zukommen, denn das werden nicht wenige sein. Eine Weile lang werden wir mit unserem Reichtum noch viele Konflikte in unserer Gesellschaft beschwichtigen und mit Geld verkleben können. Aber spätestens wenn Verteilungskämpfe größer werden und die Leistungsfähigkeit des deutschen Steuerzahlers zurückgeht, brechen offene Unruhen und Kämpfe zwischen unterschiedlichsten Gruppierungen aus und werden kaum beherrschbar sein, jedenfalls nicht mit einer kaputtgesparten Polizei. Und wenn zusätzlich extremistische Gruppen ihre Kriege und bewaffneten Konflikte auf unseren Straßen austragen, werden wir mit »runden Tischen« und Workshops nicht weit kommen, und dann kann man sich vermutlich auch Entscheidungen sparen, die niemand mehr umsetzt. Dann wird auch unser Rechtsstaat rasch am Ende sein, dann gilt das Recht des Stärkeren oder Reicheren. Und auch mit »Willkommenskultur« werden wir alle diese Konflikte nicht lösen. Aber wir könnten sie lösen, wenn die nötigen Schritte gegangen und auch rasch umgesetzt werden. Wenn Deutschland sich fit und stark macht und sich und seine Werte verteidigt.

»Wir schaffen das« reicht nicht. Die Menschen in unserem Land mitzunehmen, ihren Willen nicht zu ignorieren, die Schutzpflicht des Staates zu erfüllen und diejenigen zu stärken, die dem Gemeinwohl täglich dienen. Damit können wir eine Menge schaffen.